Geschichten von Ulrike Fischer, Luise Holthausen,
Dagmar Hoßfeld und Ulrike Sauerhöfer.
Mit Bildern von Stéffie Becker, Stefanie Dahle,
Pia Eisenbarth, Antje Flad und Petra Theissen.

© 2011 Esslinger Verlag J. F. Schreiber
Anschrift: Postfach 10 03 25, 73703 Esslingen
www.esslinger-verlag.de
Alle Rechte vorbehalten
ISBN 978-3-480-22830-0

Zauberhafte Vorleseabenteuer

Für Mädchen

esslinger

Inhaltsverzeichnis

Garagenballett   U. Fischer • S. Becker 9

Feuerwehrmädchen Mia   D. Hoßfeld • A. Flad 13

Rettet den Baumgeist!   L. Holthausen • S. Dahle 17

Auf großer Fahrt   L. Holthausen • P. Eisenbarth 25

Napoleon im Kindergarten   L. Holthausen • A. Flad 31

Kinkerlitz und Tausendschön   D. Hoßfeld • P. Eisenbarth 39

Die ungewöhnliche Fahrt zum Sonnenhof   L. Holthausen • A. Flad 43

Die Seiltänzerin Lisabeta Schwindelfrei   U. Sauerhöfer • P. Eisenbarth ... 49

Die Schneefee U. Sauerhöfer · P. Theissen 55

Das neue Mädchen L. Holthausen · A. Flad 63

Maaremir und die kleine Meerjungfrau L. Holthausen · S. Dahle 69

Die Zirkusprinzessin L. Holthausen · A. Flad 73

Die kleine Hexe kommt in die Schule D. Hoßfeld · P. Eisenbarth 77

Detektive im Stall L. Holthausen · A. Flad 85

Zaubern will gelernt sein L. Holthausen · S. Dahle 93

Ein Zelt für Zirkus Maccaroni U. Sauerhöfer · P. Eisenbarth 97

Die Nacht im Kindergarten L. Holthausen · A. Flad 103

Garagenballett

„Guck mal, Oma!" Merle pfeffert ihren Roller in die Hecke.
„Meine Lilo hat ein Tutu." Stolz streckt sie Oma ihre Puppe entgegen.
„Eine kleine Ballerina!", staunt Oma.
„Das ist sie." Merle strahlt. „Und ich bin die Ballettlehrerin!"
Sie kramt einen zusammengeknüllten Gardinenstoff aus ihrem Rucksack. „Guck mal, das ist meins. Mama hat es genäht."
Über die Matschhose stülpt Merle das Tutu und wirbelt mit Lilo über den Rasen.
„Das könnt ihr aber gut", lobt Oma.
Da drückt Merle ihr einen Kieselstein in die Hand. „Hier, für dich! Die Eintrittskarte."
„Wofür?", fragt Oma.
„Für die Ballettvorstellung", sagt Merle. „Meine Lilo will so gerne auftreten. Jetzt, wo sie das neue Tutu hat."
„Verstehe." Oma nickt. „Und wann soll das sein?"
„Heute Nachmittag. In der Garage."
„Oh, da kann ich nicht." Oma streicht Merle über den Kopf.
„Da besucht mich meine Gymnastikgruppe."
„Nicht traurig sein", tröstet Merle ihre Puppe.
„Wir fragen einfach weiter."

Gleich nach dem Mittagessen schleppt sie Stühle und Decken in die Garage.

„Hilf uns mal!", sagt sie zu Moritz. „Dann darfst du auch zugucken."

Merles Bruder rümpft die Nase. „Puppenballett! Das ist doch Mädchenkram."

„Aber meine Lilo kann eine Pirouette."

„Na und? Ich geh lieber kicken. Das ist cooler!" Moritz zieht seine Stutzen an. „Aber wenn du willst, mach ich dir aus den Wolldecken einen Vorhang."

Da fühlt Merle sich gleich berühmt, wie eine echte Primaballerina.

„Siehst du", flüstert sie ihrer Lilo ins Ohr. „Für so was sind große Brüder gut."

„Ich bin dann weg", ruft Moritz und sprintet davon.

Mama bringt Merle bunte Tücher und Bänder in die Garage.

„Damit kannst du deine Bühne schmücken."

„Guckst du meiner Lilo zu?", fragt Merle.

Mama schüttelt den Kopf. „Ich hab doch einen Friseurtermin."

„Aber meine Lilo hat so viel geübt."

„Das nächste Mal!", verspricht Mama.

„Dann eben nicht." Merle legt ihre Puppe in den Bollerwagen.

„Zu viele Zuschauer sind auch gar nicht gut für dich", sagt sie und zieht den Vorhang zu. „Jetzt schlaf erst mal. Ich muss noch was machen."

Endlich ist alles so, wie Merle es haben will. „Es geht los!", ruft sie und hebt ihre Lilo aus dem Bollerwagen. Langsam, ganz langsam zieht Merle den Vorhang auf.

„Da staunst du aber, was?" Der Zuschauerraum ist voll – voll mit Puppen und Kuscheltieren. Die Ballettvorstellung beginnt. Hoch in die Luft wirbelt Merle ihre Lilo zur Ballettmusik und schwingt mit ihr herum. Von einem Ende der Bühne zum anderen.

„Und jetzt die Pirouette!", ruft Merle und dreht sich. Schneller und schneller. „Wirbel – wirbel – dideldum." Die Lilo fliegt ihr dabei fast aus der Hand.

„Bravo", applaudiert Merle, „bravo, bravo!"

Sie zieht den Vorhang zu und drückt der zerzausten Lilo ein Küsschen auf die Plastiknase.

„Zugabe! Zugabe! Zugabe!" Merle schaut Lilo an – seit wann können Puppen und Kuscheltiere sprechen?
Verdutzt zieht sie den Vorhang wieder auf – da stehen Oma mit ihrer Gymnastikgruppe, Moritz mit seinen Fußballfreunden, und Mama ist schon vom Friseur zurück.
„Wir können uns doch nicht die Pirouette deiner Lilo entgehen lassen", sagt Mama.
Merle strahlt. „Morgen will mein Nilpferd mal auftreten! Das kann hüpfen wie eine Elfe", verkündet sie und verteilt gleich die Kieselsteine. „Und ihr dürft zugucken!"

Feuerwehrmädchen Mia

„Ich werde später Feuerwehrmann!" Mia steht vor Paul und macht ein entschlossenes Gesicht.

Paul zeigt ihr einen Vogel. „Piep, piep", sagt er. „Du kannst überhaupt nicht Feuerwehrmann werden, weil du ein Mädchen bist. Oder hast du schon mal was von einem Feuerwehrmädchen gehört?" Er lacht.

„Mädchen dürfen auch zur Feuerwehr, genau wie Jungs", schnaubt Mia. Sie ist ziemlich wütend. „Dass das mal klar ist!"

Paul lacht immer noch, und Mia will ihn schon schubsen, da kommt Frau Strathmann-Lobhausen um die Ecke. Mia guckt schnell auf ihre Fußspitzen. Paul hört auf zu lachen.

„Ich geh sehr wohl zur Feuerwehr", zischt Mia ihm zu, als Frau Strathmann-Lobhausen wieder weg ist. „Wirst du schon sehen!"

Ohne ein Wort stapft Paul in die Lego-Ecke und kickt ein paar Steinchen an die Wand.

Pah!, denkt Mia. Doofmann! Dann spiel ich eben allein!

Sie nimmt das große Feuerwehrauto mit den vielen Türen und Klappen, der ausfahrbaren Drehleiter, der Wasserpumpe und dem Feuerwehrschlauch aus dem Regal und geht in den Garten.

Sie ist der Oberfeuerwehrmann und hat das Kommando. Die kleinen Playmobil-Männchen sind die Feuerwehrmänner und

müssen ihr gehorchen. Sie müssen die Leiter hochklettern, den Schlauch abrollen und in ein brennendes Haus laufen, um Menschen und Tiere zu retten. Obwohl – Mia runzelt die Stirn. Muss nicht der Oberfeuerwehrmann die Menschen und Tiere retten? Doch, klar! Sie ist schließlich die Mutigste von allen!

Sie schiebt das Feuerwehrauto zum Klettergerüst. Das Klettergerüst ist das brennende Haus. Lorenz, Metin und Ann-Kathrin sitzen oben auf dem Gerüst. Sie müssen unbedingt gerettet werden, beschließt Mia.

So laut sie kann, ruft sie: "Tatütata, die Feuerwehr ist da!"

Lorenz lacht sie aus, Metin guckt genervt, und Ann-Kathrin kümmert sich gar nicht um Mia.

"Es brennt!", ruft Mia. "Ich rette euch!" Sie fährt die lange Leiter aus. Dann macht sie den Schlauch an der Leiter fest. "Wasser marsch! Jetzt wird gelöscht!"

Sie drückt auf den Gummiknopf, aber nichts passiert.

Mist! Sie hat vergessen, Wasser in den Tank zu füllen! Muss man sich als Oberfeuerwehrmann denn um alles kümmern?

Sonst hat Paul immer das Wasser in den Tank gefüllt und die Pumpe bedient.

Mia will sich gerade umdrehen und Wasser holen, als sie Paul sieht. Er steht am Wasserhahn und lässt Wasser in eine Gießkanne laufen. Er grinst Mia an. "Brauchst du vielleicht Löschwasser?"

Mia nickt. „Ja, schnell!", ruft sie zurück. Daran, dass sie sich mit Paul gestritten hat, denkt sie gar nicht mehr. „Beeil dich!"
So schnell er kann, kommt Paul mit der Gießkanne angelaufen. Er klappt den Tank auf und gießt das Wasser hinein. „Wasser marsch!", ruft er.
Mia rümpft die Nase. Das muss eigentlich der Oberfeuerwehrmann sagen! Aber dann nimmt sie den Schlauch und nickt Paul zu.
Paul drückt auf die Pumpe, Mia hält den Schlauch. Sie zielt genau auf das Klettergerüst, weil das ja das brennende Haus ist, das gelöscht werden muss.

Leider trifft der Wasserstrahl Ann-Kathrin am Kopf, die prompt anfängt zu kreischen.

„Als ob Wasser weh tut", brummt Mia. „Die stellt sich aber an."

„Volltreffer", kichert Paul. „Cool!"

Mia grinst. „Wollen wir uns wieder vertragen?", fragt sie Paul. Der nickt. Mia freut sich. Paul ist schließlich ihr bester Freund.

„Aber Feuerwehrmann werd ich später trotzdem", sagt sie trotzig.

„Klar, warum nicht?", meint Paul. Er schiebt die Hände in die Hosentaschen. „So wie du eben gezielt hast, können Mädchen das auch."

Zufrieden rollt Mia den Schlauch wieder auf und schiebt die Leiter zusammen.

Ein richtiger Feuerwehrmann ist sie natürlich noch nicht, aber ein Feuerwehrmädchen – ja, das ist sie ganz bestimmt!

Rettet den Baumgeist!

Benni rannte quer über die Wiese auf die alte, hochgewachsene Buche zu. „Ich bin Erster!", rief er und schlug mit der Hand gegen den knorrigen Stamm.

„Uh", ächzte der Baum.

„Zweite!" Das war Malin. Direkt hinter ihr kamen Lisa und Pascal. Sie ließen sich in den Schatten unter der Buche fallen.

„Ah", raunte der Baum.

„Das hört sich an, als könne der Baum sprechen", kicherte Malin.

„Das ist doch der Wind, du Dummi", rief Pascal.

Die vier Kinder lagen nebeneinander im Gras und schauten nach oben in die Blätter. Sie bewegten sich nicht.

„Komisch", murmelte Lisa, „es ist doch gar nicht windig. Warum ächzt der Baum dann so?"

Benni unterbrach sie aufgeregt: „Seht mal, da kommt jemand!"

Die Kinder richteten sich auf. Über die Wiese lief ein fremder Mann. Er trug einen Fotoapparat bei sich und blieb alle zwei Schritte stehen, um zu knipsen. Danach zückte er einen Stift und schrieb mit wichtiger Miene etwas in sein Notizbuch.

„Uah", wisperte der Baum.

„Was will der denn hier?", flüsterte Pascal. „Das ist doch nicht Herr Ferner." Herrn Ferner gehörte das Grundstück mit der Wiese.

Er hatte es vor vielen Jahren von seinen Eltern geerbt. Die Kinder mochten ihn, denn er war immer freundlich und hatte nichts dagegen, dass sie hier spielten.

Jetzt kam der Fremde mit langen Schritten auf sie zu. „Was habt ihr hier zu suchen?", fragte er unfreundlich. „Das ist ein Privatgelände."

Lisa antwortete mutig: „Wir dürfen hier spielen. Herr Ferner hat es uns erlaubt."

„Und die Wiese gehört Herrn Ferner", ergänzte Benni.

„Nicht mehr lange", brummte der Fremde.

„Oha", knarrte der Baum.

Die Kinder schauten sich erschrocken an. Was sollte das heißen, die Wiese gehörte Herrn Ferner nicht mehr lange?

Da fuhr der Fremde auch schon fort: „Ich werde sie ihm nämlich abkaufen. Und dann ist Schluss mit der Spielerei. Ich baue ein Haus.

Ein richtig großes Haus, wie es noch keiner hier gesehen hat. Mit vielen Zimmern, drei Bädern, einem Dachstudio, Partykeller und einer Doppelgarage für meine Autos. Und dieser Baum hier", er schlug mit der Hand gegen den Stamm, „der wird natürlich gefällt. Der ist nur im Weg und versperrt die Aussicht."

„Aaaah", jammerte der Baum.

Der Mann schlug noch einmal mit der Hand gegen den Stamm, dann marschierte er davon. Die Kinder starrten ihm mit offenem Mund nach.

Malin fasste sich als Erste. „Wofür braucht denn ein einzelner Mann so ein Riesenhaus?"

„Vielleicht hat er eine große Familie mit vielen Kindern", überlegte Benni.

Lisa schüttelte energisch den Kopf. „Der hat bestimmt keine Kinder. Der kann Kinder doch nicht ausstehen." Sie schluckte. „Aber Herr Ferner kann doch nicht zulassen, dass unser Baum gefällt und die Wiese zugebaut wird."

„Hu hu hu", schluchzte der Baum.

„Ich glaube, er weint", flüsterte Malin.

„Wie soll denn ein Baum weinen, du Dummi", widersprach Pascal und verdrehte die Augen.

Aber Malin hörte nicht auf ihn. Sie lehnte sich gegen den Stamm und fragte: „Warum weinst du, armer Baum?"

„Wenn dieser Baum gefällt wird, muss ich sterben", kam die leise Antwort.

Pascal zuckte zusammen. Der Baum konnte ja tatsächlich sprechen!

Lisa quiekte: „Seht nur, da ist auch ein Gesicht im Baum!"

Und tatsächlich: Oberhalb des Stammes, an einer Astgabelung, zeigte sich ein grün schimmerndes Gesicht zwischen den Blättern.

„Ein Baumgeist", stotterte Pascal.

Der Baumgeist schob die Blätter beiseite, setzte sich auf einen der Äste und ließ die Beine baumeln. Er sah selbst aus wie ein kleiner Baum. Seine Arme und Beine hatten Ähnlichkeit mit Zweigen, und aus seinem Kopf wuchsen grüne Büschel.

Über sein Gesicht rollten dicke, grüne Tränen. „Wenn dieser Baum gefällt wird, muss ich sterben", wiederholte er.

„Armer Baumgeist", sagte Malin voller Mitleid. „Kannst du denn nicht in einen anderen Baum umziehen?"

Der Baumgeist schüttelte so heftig den Kopf, dass seine Büschel wippten. „Oh nein, das kann ich nicht. Jeder Baumgeist hat seinen eigenen Baum. Mit ihm ist er auf ewig verbunden. Und wenn der Baum stirbt, dann stirbt auch sein Geist."

Die Kinder schauten einander an und waren sich ohne Worte einig: Sie mussten den Baumgeist retten! Sie mussten verhindern, dass der Baum gefällt wurde!

„Wir gehen zu Herrn Ferner und erzählen ihm alles", schlug Lisa vor. „Vielleicht weiß er ja gar nicht, was der Mann mit seiner Wiese vorhat."

„Und du musst mitkommen, Baumgeist", rief Pascal.

Die anderen nickten eifrig und trabten los. Damit sie schneller waren, nahm Pascal den Baumgeist huckepack, und seine grünen Büschel wippten lustig im Takt der Schritte.

Herr Ferner war in seinem Garten. Er saß mit dem Mann, den sie vorhin auf der Wiese gesehen hatten, am Tisch, vor sich ausgebreitet viele Papiere. Das war bestimmt der Kaufvertrag! Ohne zu klingeln öffneten die Kinder einfach das Tor und stürmten den Garten.

„Was ist das denn für ein Überfall?", wunderte sich Herr Ferner. „Ich habe jetzt keine Zeit für euch, Kinder. Ich muss etwas mit Herrn Schöll regeln."

„Oh, oh", wisperte der Baumgeist, der vorsichtig mit einem Auge hinter Pascals Rücken hervorlinste.

„Kennen Sie etwa diese Rotznasen?", muffelte Herr Schöll. „Die sind vorhin schon auf der Wiese herumgetrampelt." Er griff zu seinem Stift, um den Vertrag zu unterschreiben.

„Halt!", schrie Benni. „Herr Ferner, Sie dürfen die Wiese nicht an Herrn Schöll verkaufen!"

„Warum nicht?", fragte Herr Ferner überrascht.

„Er will den Baum fällen und ein hässliches Haus bauen", rief Lisa. Malin ergänzte: „Er will dem Baumgeist sein Zuhause wegnehmen."

„Dem Baumgeist? Dummes Gerede", schimpfte Herr Schöll. „Es gibt gar keine Baumgeister."

„Und ob es welche gibt", zischte der Baumgeist und kletterte von Pascals Rücken auf seine Schulter. Herr Schöll ließ vor Schreck den Stift fallen.

Malin sprach weiter: „Wenn Sie die Wiese unbedingt loswerden wollen, dann kaufen wir sie eben." Sie kramte in ihrer Hosentasche und legte entschlossen einen Euro auf den Tisch. Den hatte Mama ihr gestern geschenkt, weil sie beim Staubsaugen geholfen hatte. „Das ist unsere Anzahlung."

„So viel Geld", raunte der Baumgeist beeindruckt.

„Ich hab auch welches", rief Benni und zog fünfzig Cent aus seiner Tasche. Pascal hatte zwei Euromünzen. Lisa versprach: „Ich kann zu Hause mein Sparschwein schlachten. Da sind fünf Euro drin."

Herr Ferner schaute abwechselnd vom Baumgeist zu den Kindern und wieder zurück. Dann griff er nach dem Vertrag, zerriss ihn und sagte feierlich: „Ich hatte sowieso kein gutes Gefühl bei der Sache. Ich werde die Wiese behalten, wenn ihr mir in Zukunft beim Rasenmähen helft."

Als sie das hörten, hüpften die Kinder vor Freude im Garten herum und jubelten. Am lautesten jauchzte der Baumgeist. Er würde sein Zuhause nicht verlieren! Und verstecken, nein, verstecken brauchte er sich vor seinen neuen Freunden von nun an auch nicht mehr.

Auf großer Fahrt

Im Wikingerdorf herrscht Aufregung. Kapitän Leif und seine Männer gehen mit dem Drachenschiff auf große Fahrt. Sie wollen ganz weit nach Westen segeln und neues Land entdecken. Stück für Stück schleppen sie erst das Segel und ihre Ruder an Bord und dann die Seekisten mit warmer Kleidung und Vorräten. Schließlich zurren sie noch ihre Schilde an die Reling.

Nun sind sie geschützt, wenn ein Feind mit seinen Pfeilen auf sie schießt.

Die kleine Ragna schaut mit großen Augen dem Gewusel zu. Ständig steht sie den Männern im Weg. „Bitte, bitte, nehmt mich mit", bettelt sie.

„Nichts da", erwidert Leif. „Du bist ein Mädchen. Du bleibst zu Hause und lernst kochen."

„Kochen ist so langweilig!", ruft Ragna. „Ich will auch mal was erleben. Ich will auch auf große Fahrt gehen."

Doch Leif lässt sich nicht umstimmen.

Am nächsten Tag kurz nach Sonnenaufgang gehen die Männer an Bord und rudern aufs freie Meer hinaus. Dort setzen sie das Segel. Und schon treibt der Wind das Schiff nach Westen, neuen Ufern entgegen.

Leif nagelt eine Goldmünze an den Mast. „Diese Münze gehört demjenigen, der als Erster neues Land entdeckt", ruft er. Die anderen Männer drängen sich aufgeregt um ihn. Natürlich will sich jeder von ihnen die Goldmünze verdienen!

Plötzlich beginnt es in Leifs Seekiste zu rumpeln. „Wir haben Geister an Bord", stammelt Schiffskoch Gunnar entsetzt.

„Wie?", „Wo?", „Was?", rufen die anderen durcheinander.

„Leifs Seekiste hat sich bewegt! Und da, jetzt geht sogar der Deckel auf, ganz von selbst!"

„Aber ihr müsst doch keine Angst vor mir haben", piepst da ein munteres Mädchenstimmchen. Zum großen Erstaunen der Männer klettert die kleine Ragna aus der Seekiste heraus. Sie reckt und dehnt und streckt sich. „Puh, war das unbequem da drin."

Leif fallen beinahe die Augen aus dem Kopf. „Was hast du denn hier zu suchen?", brüllt er.

„Ich will Land entdecken. Und ich möchte die Goldmünze haben", erklärt Ragna. Sie hat in ihrem Versteck natürlich auch gehört, was Leif vorhin gesagt hat.

Die Männer wollen sich bei ihren Worten ausschütten vor Lachen. „Ein Mädchen! Ein kleines Mädchen will die Erste sein, die Land entdeckt – noch vor uns alten Seefahrern! Wie soll das denn gehen?"

„Ich sollte dich einfach über Bord werfen", brummt Leif ärgerlich. Aber das macht er natürlich nicht. Und zum Umkehren ist es auch zu spät. Sie sind ja schon viel zu weit weg von zu Hause. Ragna freut sich. Sie darf also bleiben!

In den nächsten Tagen und Wochen halten die Männer besonders eifrig Ausschau nach Land. Jeder fürchtet, ein anderer könnte ihm die Goldmünze wegschnappen. Doch weit und breit ist nichts zu sehen als das endlose Meer.

Eines Morgens ziehen dunkle Wolken am Himmel auf, und eine mächtige Windbö fährt in das Segel. Es wird stürmisch. Das Meer ist aufgewühlt und das Drachenschiff ächzt und schwankt.

„Holt das Segel ein!", befiehlt Leif.

Ragna will helfen, aber die Männer scheuchen sie weg. „Das kannst du sowieso nicht." Rasch holen sie das Segel ein und ziehen es über das Boot. Nun sitzen sie alle wie unter einem Zelt und sind wenigstens ein bisschen geschützt.

Aber der Sturm wird immer stärker und die Wellen immer höher. Und dann zuckt auch noch ein Blitz am Himmel. Gleich darauf donnert es, und Regen prasselt auf sie herunter.

Ragna kauert sich ängstlich zusammen. Das ist der Donnergott Thor! Er fährt mit seinem Streitwagen über den Himmel und schleudert seinen Hammer.

Es dauert lange, bis sich das Gewitter verzieht. Danach wütet der Sturm weiter, viele, viele Stunden lang. Das Schiff tanzt und schleudert auf den Wellen. Keiner weiß mehr, wo sie eigentlich sind. Endlich lässt der Wind nach, und auch das Meer beruhigt sich. Nicht nur Ragna atmet auf.

„Wir sind völlig vom Kurs abgekommen", stellt Leif fest und schaut ratlos zum Himmel. Normalerweise bestimmt er den Kurs nach dem Sonnenstand und den Sternen. Aber der Himmel ist voller Wolken, wie soll er da eine Richtung festlegen?

Ragna schaut nicht zum Himmel. Sie schaut aufs Meer. Sie hat gesehen, dass Zweige am Schiff vorbeischwimmen.

Zweige gibt es nur an Land, denkt Ragna. Also kann das Land nicht mehr allzu fern sein. Könnte sie nur weiter gucken als sie es jetzt kann. Weiter noch als bis zum Horizont!

Aber ein bisschen weiter als von hier unten kann sie ja gucken! Ragna springt auf und läuft zum Mast. Ehe auch nur einer der Männer versteht, was sie vorhat, ist sie schon nach oben geklettert.

„Willst du da oben frische Luft schnappen?", ruft Gunnar und wiehert vor Lachen über seinen eigenen Witz.

Als Antwort schallt es vom Mast herab: „Ich sehe Land! Land! Land in Sicht!"

So kam es, dass Ragna die Goldmünze gewann. Sie hatte als Erste das Land gesehen, das die Wikinger „Vinland" nannten und das wir heute unter dem Namen „Amerika" kennen. Aber eigentlich, ja eigentlich hätte es „Ragnaland" heißen müssen.

Napoleon im Kindergarten

Beinahe hätte Mia ihn übersehen. Wie jeden Morgen hatte sie Papa am Tor vom Kindergarten „Tschüs" gesagt. Dann hüpfte sie den Weg zur Eingangstür. Sie ging seit fast zwei Jahren in den Kindergarten und konnte alles schon alleine: Jacke ausziehen, Schuhe ausziehen, Hausschuhe anziehen, in den Gruppenraum gehen.
Mia wollte gerade die Eingangstür aufziehen, da sprach er sie an:
„Guten Morgen, guten Morgen."
Mia erschrak zuerst ein bisschen. Wer redete denn da mit ihr?
Dann entdeckte sie ihn. Er hockte auf dem Geländer neben der Eingangstür und schaute sie neugierig an. Er war groß und rot und hatte bunte Flügel und sehr lange rote Schwanzfedern: ein Papagei.
„Wo kommst du denn her?", fragte Mia verblüfft.
„Guten Morgen, guten Morgen", antwortete der Papagei und neigte den Kopf. Fast sah es aus, als verbeuge er sich.
Mia zog die Eingangstür ganz vorsichtig auf, um den Vogel nicht zu verscheuchen. Auf Zehenspitzen schlüpfte sie nach innen und rannte dann direkt in den Gruppenraum.
„Britta, Britta, komm schnell!", rief sie. „Da draußen …"
„… ist es ziemlich dreckig", sagte Britta, die Erzieherin, mit einem strengen Blick auf Mias Gummistiefel. „Du weißt doch, dass du hier drinnen Hausschuhe anziehen musst!"

„Aber da draußen vor der Tür sitzt ein Vogel", erklärte Mia. „Ein Riesenvogel."
Britta vergaß die Schuhe und lief sofort zur Eingangstür. Alle Kinder aus dem Gruppenraum trampelten hinter ihr her. Gemeinsam äugten sie durch die Glasscheibe. Der bunte Vogel äugte neugierig zurück.

„Das ist ein Papagei", stellte Britta fest.
„Wow, ist der riesig", staunte Niklas.
„Er hat auch einen Riesenschnabel", sagte Verena.
„Wo kommt er denn her?", wollte Nele wissen.
„Ich weiß nicht." Mia zögerte. „Er war einfach da und hat mir Guten Morgen gesagt."
„Das will ich auch hören!", rief Nele, und der Vogel öffnete folgsam den Schnabel und plapperte durch die Glasscheibe: „Guten Morgen, guten Morgen."
Die Kinder lachten. „Guten Morgen, Papagei!"

Frau Braun, die im Kindergarten immer das Mittagessen kochte, kam in ihrer Schürze aus der Küche. „Was ist denn das hier für ein Auflauf?", fragte sie. Dann sah auch sie den bunten Vogel auf dem Geländer. „Oh", machte sie und zog erstaunt ihre Augenbrauen nach oben.

„Der Papagei muss irgendwo entflogen sein", vermutete Britta. „Aber er kann nicht hier draußen bleiben. Es ist viel zu kalt."

Oh ja, draußen war es kalt, richtig winterkalt! Und der arme Papagei hatte nur seine Federn. Die wärmten sicher nicht so gut wie die Daunen von Mias Jacke.

„Dann muss er eben zu uns in den Kindergarten kommen", schlug Verena vor.

Britta öffnete die Tür. Der Papagei trippelte auf dem Geländer ein paar Schritte zurück. „Guten Morgen, guten Morgen", krächzte er nervös.

Mia begann sich Sorgen zu machen. Sie waren bestimmt viel zu viele Kinder für diesen einen Vogel. Vor allem verhielten sie sich viel zu unruhig. Niklas hüpfte vor Aufregung sogar von einem Fuß auf den anderen und fuchtelte wild mit den Armen. Kein Wunder, dass der Papagei sich nicht herein traute.

„Ich glaube, er ist ein bisschen scheu", sagte Mia.

„Ja, wir müssen von der Tür weggehen", stimmte ihr Britta zu.

„Und dann müssen wir ihn ins Warme locken."

Aber womit lockte man einen Papagei in einen Kindergarten hinein? Nele versuchte es mit ihrem Pausenbrot, Niklas mit einem Müsliriegel, Verena mit einem Stückchen Käse.
Der Papagei legte den Kopf schief und plusterte sich auf, aber er rührte sich nicht vom Fleck.
„Das ist doch alles nichts für einen Vogel", meinte Frau Braun.
„Ich hole ihm einen schönen Leckerbissen."
Sie eilte in die Küche und kam mit einem Teller voller Apfel- und Bananenstückchen zurück. Den Teller stellte sie auf den Fußboden in die Nähe der Tür.
„Guten Morgen, guten Morgen", sagte der Papagei erfreut und begab sich mit ein paar Flügelschlägen auf den Fußboden zum Teller. Mia machte schnell hinter ihm die Türe zu.

Atemlos schauten die Kinder zu, wie der Vogel an den Obststückchen knabberte. "Es schmeckt ihm", flüsterte Nele.
Britta machte trotzdem ein besorgtes Gesicht. "Er kann aber nicht einfach hier bei uns auf dem Fußboden sitzen bleiben."
Mia hätte zu gern gesagt, sie könne den Vogel ja mit nach Hause nehmen. Aber dazu musste sie erst Papa und Mama fragen. Außerdem, wie sollte sie ihn denn dort hinbringen?
Aber in diesem Moment fiel Frau Braun ein, dass sie im Keller noch einen alten Vogelkäfig stehen hatte. Sie warf sich ihren Mantel über die Schürze und eilte davon. Und weil sie nur zwei Straßen entfernt wohnte, war sie auch recht schnell wieder da. Noch bevor der Papagei das Obst aufgegessen hatte.
"Er ist ein bisschen klein und eingestaubt, aber für's Erste geht er schon." Frau Braun keuchte, weil sie so schnell gelaufen war.
Sie schlich sich an den Vogel heran und stülpte den Käfig über ihn.
"Guten Morgen, guten Morgen", zeterte der Papagei. Aber das änderte nichts. Nun war er gefangen, und seine Schwanzfedern standen zwischen den Gitterstäben heraus.
"Armer Papagei", flüsterte Mia. Britta scheuchte die Kinder alle in den Gruppenraum zurück. "Der Vogel braucht jetzt endlich mal seine Ruhe", erklärte sie. "Außerdem hängen wir ein Schild draußen ans Tor. So sieht jeder, der vorbeikommt, dass uns ein Vogel zugeflogen ist."

Mit Feuereifer machten sich die Kinder daran, das Schild zu basteln. Sie malten einen riesigen Vogel in allen Regenbogenfarben, und Britta schrieb daneben: „Wer sucht mich? Ich bin in den Kindergarten geflogen. Bitte hol mich ab."

Zwischendrin steckte Mia immer mal wieder den Kopf aus dem Gruppenraum und schaute nach dem Vogel.

„Guten Morgen, guten Morgen", schimpfte er dann und schaute sie dabei so vorwurfsvoll an, als sei es ihre Schuld, dass er in einem zu kleinen Käfig eingesperrt war.

„Aber draußen wärst du doch erfroren", erklärte Mia ihm, und daraufhin sagte der Vogel nichts mehr. Mia hoffte inständig, dass ihn niemand vermisste, und deshalb auch niemand ihn abholen

würde. Dann könnte sie nämlich Papa und Mama fragen, ob sie ihn behalten dürfte. Oder er blieb einfach bei ihnen im Kindergarten. Sie müssten dann natürlich einen größeren Käfig für ihn kaufen, aber es wäre doch schön, wenn im Vorraum des Kindergartens ein so schöner Papagei säße und sie jeden Tag mit „Guten Morgen, guten Morgen" begrüßte.

Doch Mia hoffte umsonst. Etwa zwei Stunden nachdem sie das Schild draußen aufgehängt hatten, klopfte ein Mann mit weißen Haaren an die Eingangstür.

Er sagte: „Ich komme wegen des Vogels. Mein Napoleon ist mir nämlich heute durch das Fenster entwischt."

„Guten Morgen, guten Morgen", schmetterte der Papagei voller Begeisterung, als er sein Herrchen erkannte.

„Mein Napoleon!", rief der Mann gerührt.

Er bedankte sich bei Britta, bei Frau Braun, bei allen Kindern und besonders bei Mia, dass sie seinen Vogel vor dem Erfrieren gerettet hatten. Dann trug er den Käfig zur Tür.

„Tschüs", winkten die Kinder ihm nach.

Und Napoleon verabschiedete sich mit einem höflichen „Guten Morgen, guten Morgen". Da wurde Mia so traurig, dass ihr beinahe die Tränen kamen.

Doch zwei Stunden später klopfte es erneut, und da stand schon wieder Napoleons Herrchen vor der Tür. Unter dem Arm trug er

einen bunten Papagei, der war fast so groß wie Mia und aus Plüsch. „Den schenke ich euch", sagte der Mann. „Das ist euer Finderlohn."

Und weil Mia Napoleon als Erste gefunden hatte, durfte sie den Plüschpapagei auch als Erste in den Arm nehmen.

Er fühlte sich kuschelig weich an, und Mia war mit einem Mal überhaupt nicht mehr traurig.

Kinkerlitz und Tausendschön

Die kleine Hexe Kinkerlitz war die kleinste Hexe im Hexenland. Sie war so klein, dass sie bequem in der Suppentasse der Oberhexe Walburga Wachtelspitz Platz fand.

Aber es war nicht besonders ratsam, sich in Madam Wachtelspitz' Suppentasse zu verstecken. Sie schlürfte ihre Kräutersuppe nämlich am liebsten kochend heiß, und einmal hätte sie Kinkerlitz fast verbrüht, als diese ausgerechnet in der Lieblingssuppentasse der alten Oberhexe ihren Mittagsschlaf hielt.

Kinkerlitz war aber nicht nur die kleinste Hexe im Hexenland, sie war auch die einsamste. Es wollte ihr einfach nicht gelingen, eine Freundin zu finden. Die anderen Hexen nahmen sie nicht besonders ernst und übersahen sie, nur weil sie so klein war.

Natürlich hätte Kinkerlitz sich jederzeit größer hexen können, aber das wollte sie gar nicht. Nein, sie fühlte sich genau richtig, so wie sie war.

Ach, wenn ich nur eine Freundin hätte, dachte sie trotzdem hin und wieder und wurde traurig. Eine Freundin – nicht zu groß und nicht zu klein. Eine Freundin, die zu mir passt.

Eines Tages verhexte Kinkerlitz aus purer Langeweile eine Maus.
Die Maus wusste gar nicht, wie ihr geschah, als sie plötzlich auf zwei Beinen stand und sprechen konnte.

Verwundert sah sie Kinkerlitz an, die auf einem Fliegenpilz saß und leise kicherte.

„Hey, du, was soll das?", fragte die Maus, die übrigens ein Mäusemädchen war und Tausendschön hieß. Sie musterte Kinkerlitz aus blitzeblanken Augen.

„Och", antwortete Kinkerlitz. „Weiß ich auch nicht. Ich hatte einfach mal Lust, eine Maus zu verhexen."

Tausendschön putzte sich die Barthaare.

„So, so", piepste sie. „Und kannst du das auch wieder rückgängig machen?" Sie sprang auf den Pilz und setzte sich neben Kinkerlitz. Die beiden waren so klein, dass sie ohne Drängeln und Schubsen bequem nebeneinander Platz fanden.

„Klar kann ich das", erwiderte Kinkerlitz. „Aber nur, wenn du's willst."
Sie ließ ihre Beine über den Pilzrand baumeln.
„Du könntest aber auch gerne bei mir bleiben. Vielleicht können wir Freundinnen sein?"
Tausendschön überlegte. Sie hatte die Mäuseschule abgeschlossen und war vor Kurzem zu Hause ausgezogen. Seitdem war sie auf Reisen, mal hierhin und mal dorthin.
Manchmal fühlte sie sich schrecklich einsam. Für eine Maus war es nämlich schwierig, im Hexenland Freunde zu finden. Und gefährlich war es auch. Einmal war sie nur um Schnurrhaaresbreite den Klauen eines Mäusebussards entkommen!
„Wenn du erlaubst", sagte Tausendschön nach einer Weile, „würde ich sehr gerne deine Freundin sein. Dann kannst du dich nachts an meinem Fell wärmen, und tagsüber könnte ich dich tragen, wenn du müde bist."
„Ach", seufzte Kinkerlitz. Sie wusste gar nicht, was sie sagen sollte. Endlich hatte sie eine Freundin gefunden. Eine Freundin – nicht zu groß und nicht zu klein. Eine Freundin, mit der sie auf einem Pilz sitzen und sich unterhalten konnte. Eine Freundin mit blitzeblanken Augen und weichem Fell.
„Ach", seufzte sie noch einmal.
Dann reichte sie Tausendschön die Hand.
„Abgemacht", sagte sie. „Ab sofort wollen wir Freundinnen sein."

Ganz vorsichtig legte Tausendschön ihre kleine Pfote in Kinkerlitz' Hand.

„Abgemacht", sagte auch sie, und ihre Barthaare zitterten vor Glück.
Seitdem waren die beiden unzertrennlich. Und wenn du mal eine klitzekleine Hexe siehst, die auf einer klitzekleinen Maus reitet, dann weißt du, dass es nur die beiden besten Freundinnen der Welt sein können – Kinkerlitz und Tausendschön.

Die ungewöhnliche Fahrt zum Sonnenhof

Es sind Ferien, und Laura und ihre Eltern fahren in den Urlaub. Eigentlich wollte Papa ja nach Mallorca in die Sonne. Aber Mallorca ist eine Insel und ziemlich weit weg, und um dorthin zu kommen, muss man sich in ein Flugzeug setzen. Das würde Mama nie machen. „Mich kriegen keine zehn Pferde in ein Flugzeug", sagt sie. Mama hat nämlich Angst vorm Fliegen.

Also fliegen sie nicht nach Mallorca, sondern fahren zum Sonnenhof. Der Sonnenhof ist ein Bauernhof, auf dem es Pferde und Ponys gibt und auf dem die Ferienkinder sogar im Stall helfen dürfen. Darauf freut sich Laura. Pferde sind ihre Lieblingstiere, und sie hat auch schon ganz viele Pferdebücher.

Als sie losfahren ist der Himmel noch ganz blau.

„Na, wunderbar", sagt Papa. „Wenn man schon auf einen Sonnenhof fährt, dann kann man ja wohl auch erwarten, dass die Sonne scheint, oder?"

Aber sie sind kaum eine halbe Stunde unterwegs, da ziehen sich dunkle Wolken zusammen. Nach einer Weile fängt es sogar an zu regnen. Papa wirft Mama einen Blick zu, als wolle er so was sagen wie: „Auf Mallorca regnet es jetzt bestimmt nicht", und stellt den Scheibenwischer an. Draußen wird es immer düsterer, fast so, als wäre es schon Abend. Jetzt schaltet Papa auch noch das Licht ein.

Laura gähnt. Sie fahren und fahren. Hat Mama nicht gesagt, zum Bauernhof ist es gar nicht so weit?

„Wann sind wir denn endlich da?", fragt sie.

„Das möchte ich auch gerne wissen", sagt Papa.

Mama studiert die Straßenkarte. „Ich glaube, wir hätten vorhin links abbiegen müssen."

„Dann biege ich eben jetzt links ab." Papa setzt den Blinker und fährt von der Landstraße ab in einen Seitenweg. Nach ein paar Metern wird er ganz holprig, wie ein Feldweg.

„Das stimmt nicht. Wir sind falsch." Mama schaut immer noch auf die Straßenkarte.

„Ach was", sagt Papa. „Das ist eine Abkürzung." Er fährt weiter.

Laura gähnt wieder. Abkürzung ist gut, denkt sie. Bei einer Abkürzung sind sie schneller da.

Die Straße wird immer schmaler. Der Regen wird immer heftiger. Papa blinzelt. Er fährt um eine Kurve und tritt heftig auf die Bremse. Es quietscht.

Vor ihnen, mitten auf dem Weg, im strömenden Regen, steht ein großes braunes Pferd und schaut sie an.

„Was ist das denn?", ruft Mama.

„Ein Pferd", erklärt Laura hilfsbereit.

„Das sehe ich auch", knurrt Papa und hupt. Das Pferd rührt sich nicht vom Fleck.

„Wenn du ganz langsam weiterfährst", sagt Mama, „dann geht es bestimmt weg."

Papa tritt vorsichtig aufs Gas und kriecht im Schneckentempo vorwärts.

Das Pferd schnaubt, dann senkt es den Kopf und beginnt, das Gras am Wegesrand zu fressen.

Zehn Zentimeter vor dem Pferd bleibt Papa wieder stehen. „Ich kann diesen Gaul doch nicht einfach umfahren!"

Nein, das kann er natürlich nicht. Aber wie sollen sie nun zum Bauernhof kommen?

„Wir wenden und fahren zurück", schlägt Mama vor. Aber Papa schüttelt den Kopf. Zum Wenden ist der Weg zu schmal.

Papa steigt aus, stellt sich in den strömenden Regen und schwenkt die Arme. „Husch!", ruft er. „Platz da!"

Das Pferd grast ungerührt weiter. Papa steigt wieder ein. Seine Haare tropfen. „Ich glaube, das wird heute nichts mehr mit dem Sonnenhof", sagt er. „Wir müssen hier übernachten."

„Unsinn!", widerspricht Mama. „Wir locken das Pferd einfach auf die Seite."

„Versuch es doch", sagt Papa. „Jetzt bist du mal dran, nass zu werden." Er verschränkt die Arme vor der Brust und macht ein Gesicht, das so dunkel ist wie die Wolken am Himmel. Mit diesem Gesicht will er Mama sagen: „Nur weil du nicht fliegen wolltest, sitzen wir jetzt hier im Regen, und ein dummes Pferd versperrt uns den Weg."

Mama kramt in ihrer Einkaufstasche, in die sie Proviant für die Fahrt eingepackt hat. „Ich hab Äpfel dabei. Damit kann ich es vom Weg weglocken. Pferde lieben Äpfel."

„Dieses Pferd frisst bestimmt keine Äpfel", sagt Papa schlecht gelaunt.

„Wollen wir wetten?" Schon ist Mama ausgestiegen und geht im Regen auf das grasende Pferd zu. Es hebt den Kopf, als Mama ihm den ersten Apfel zeigt und richtet aufmerksam die Ohren auf.

Im nächsten Moment hat es, schwupps, den Apfel aus Mamas Hand stibitzt und zermalmt ihn genüsslich mit seinen großen Zähnen. Überrascht tritt Mama einen Schritt zurück. „Du magst Äpfel, was? Das hab ich mir doch gedacht. Komm, sei ein liebes Pferdchen, geh zur Seite, dann bekommst du noch mehr Äpfel." Sie öffnet ihre Einkaufstasche.

Das Pferd wiehert begeistert, dann reckt es den Hals und versenkt den Kopf in der Tasche. Eine Weile hört man nur das Rauschen des Regens und das Knuspern des Pferdes.

Als Mama wieder ins Auto steigt, tropfen nicht nur ihre Haare, sondern auch ihre Jacke. „Ich hab die Wette gewonnen", erklärt sie. „Dieses Pferd frisst wirklich Äpfel."

Papa schaut das Pferd an, das ihnen nun grasend das Hinterteil zuwendet, und sagt nichts.

„Jetzt bin ich dran", meldet sich Laura vom Rücksitz.

Papa schnauft nur. Mama macht ein besorgtes Gesicht. Aber Laura klettert aus dem Auto und geht vorsichtig um das Pferd herum.

Ein Pferd darf man nicht einfach so von hinten ansprechen oder anfassen, sonst erschreckt es sich. Das weiß sie aus ihren Büchern.
„Hallo, Pferd", sagt sie.
Das Pferd hört auf zu grasen und schaut sie freundlich an.
Laura streckt die Hand aus. Das Pferd bläst mit seinen Nüstern auf ihre Finger. Es fühlt sich an wie ein warmer Hauch.
„Willst du mit mir zum Sonnenhof gehen?", fragt Laura. „Dort bist du doch bestimmt zu Hause." Sie dreht sich um und geht den schmalen Weg weiter. Hinter sich hört sie die Tritte von Hufen auf der Erde.
Das Pferd folgt ihr.
An der nächsten Biegung wird der Blick frei auf Stallungen und Gebäude. Laura geht auf den Sonnenhof zu. Sie fühlt sich wie eine Zauberin. Es ist, als würde sie schweben, und das Pferd geht, wie von magischen Kräften gezogen, hinter ihr. Und als sie die ersten Stallungen erreichen, merkt sie, dass es sogar aufgehört hat zu regnen und die Sonne durch die Wolken blinzelt.

Die Seiltänzerin Lisabeta Schwindelfrei

Der Zirkus Zamponini war weltbekannt. Seine Artisten stammten aus vielen Ländern, und wenn er in einer Stadt gastierte, waren alle Vorstellungen schnell ausverkauft.

Die größte Attraktion war Lisabeta Schwindelfrei, die Seiltänzerin. Lisabeta war nicht nur bildschön anzusehen, sie beherrschte auch die schwersten und gefährlichsten Kunststücke auf dem Seil, das hoch über der Manege befestigt war. Zwar war zur Sicherheit ein Netz gespannt, damit im allerschlimmsten Fall, wenn nämlich Lisabeta doch einmal stolpern und herunterfallen sollte, nichts geschah. Aber dieser Fall war noch nie eingetreten.

Lisabeta vollführte die tollsten Turnübungen auf dem Seil: Handstand, Flickflack, Purzelbaum und Radschlag. Ihr allerschwerstes Kunststück war die Fahrt auf einem Einrad, und zwar vorwärts und rückwärts und mit verbundenen Augen! Mucksmäuschenstill war die Zirkuskapelle, noch nicht mal einen Trommelwirbel gab es. Die Kinder hielten die Luft an, und manche Mamas und Papas hielten sich sogar die Augen zu, so spannend war es. Kam aber Lisabeta heil am anderen Ende des Seils an und sprang leichtfüßig auf die Plattform, gab es kein Halten mehr: Tosender

Applaus brauste los, und die Zirkuskapelle spielte den schönsten Wiener Walzer.

Eines Tages aber passierte etwas Furchtbares: Bei der Probe, einen Tag vor der Aufführung, gelang Lisabeta plötzlich überhaupt nichts mehr. Gleich bei der ersten Übung, das war der Purzelbaum, kippte sie nach links und landete im Netz.

Ungläubig schüttelten alle zusehenden Zirkusartisten die Köpfe. Als Lisabeta wieder nach oben geklettert war und den Handstand versuchte, geschah dasselbe: Die kleine Seiltänzerin kippte nach links und plumpste wiederum hinunter.

„Das gibt es doch nicht!", schimpfte Lisabeta wütend und kletterte erneut nach oben.

Vorsichtig machte sie ein paar Schritte auf dem Seil, schwankte, kippte nach links und fiel ein drittes Mal in das rettende Netz.

„Schluss für heute!", rief der Zirkusdirektor entsetzt.

„Kannst du mir bitte einmal sagen, was mit dir los ist, Lisabeta?", fragte er wenig später, als die kleine Seiltänzerin mit hängenden Schultern vor ihm stand.

„Nein", sagte Lisabeta traurig. „Ich kann es mir selbst nicht erklären."

Besorgt rieb sich der Zirkusdirektor das Kinn.

Was war da zu tun?

Wenn seine beste und berühmteste Artistin ausfallen würde, wäre das eine Katastrophe. Denn viele Leute kamen doch nur wegen ihr! Dann hatte er eine Idee: Im Zirkus Zamponini lebte eine weise, alte Dame. Sie hieß Orakula, war mindestens schon 111 Jahre alt und früher Wahrsagerin gewesen.

Wie sie in den Zirkus gekommen war, wusste keiner mehr so richtig, denn alle Zirkusleute waren ja viel, viel jünger als sie. Orakula aber gehörte zum Zirkus dazu wie das Zelt und die Tiere. Alle hatten sie gern, denn sie konnte gut zuhören und wusste immer einen Rat.

Zu dieser weisen, alten Dame schickte der Zirkusdirektor Lisabeta. Da trat die kleine Seiltänzerin nun in den kunterbunten, kleinen Wagen, der so vollgestopft war mit Möbeln, Bildern, Lämpchen,

Spiegeln und unzähligen Zirkuserinnerungen, dass sie kaum einen Sitzplatz fand.

Nachdem sich beide lange unterhalten hatten, fragte Orakula: „Lisabeta, du siehst so traurig aus. Gibt es vielleicht noch irgendetwas, das du mir erzählen möchtest?"

Da fing Lisabeta bitterlich an zu weinen. Und schließlich gestand sie der weisen, alten Dame, dass sie ganz fürchterlich und unglücklich in Leo, den jungen, hübschen Löwenbändiger, verliebt sei, der sie aber überhaupt nicht beachte. Im Gegenteil, Lisabeta habe sogar das Gefühl, dass Leo ihr aus dem Weg gehe und immer extra weggucke, wenn er auf Lisabeta traf. „Seitdem ist mein Herz so schwer", seufzte Lisabeta, „es tut richtig weh."

„Dann ist es kein Wunder, dass du das Gleichgewicht nicht halten kannst, mein liebes Kind", antwortete Orakula lächelnd. „Auf welche Seite bist du immer gekippt? Auf die linke? Dort ist das Herz, und wenn das Herz schwer ist, kann man natürlich nicht seiltanzen!"

Und dann berichtete Orakula der kleinen Lisabeta noch, dass genau einen Tag zuvor ein unglücklicher Leo bei ihr gesessen habe, um sie zu bitten, etwas gegen seine Schüchternheit zu unternehmen. Da gäbe es im Zirkus nämlich ein wunderschönes Mädchen, das er über alles liebe. Aber vor lauter Schüchternheit finde er keinen Mut, ihr seine Liebe zu gestehen, weil sie doch so berühmt und die größte Attraktion des Zirkus sei.

„Meint er … meint er etwa … mich?", rief Lisabeta ungläubig.

„So ist es", antwortete die alte Dame lächelnd.

„Danke, Orakula, vielen, vielen Dank!", rief Lisabeta, und schon war der Stein in ihrer Brust ganz leicht geworden.

Als sie glücklich zu ihrem rosafarbenen Wagen lief, lagen dort eine kleine Blume und ein Brief. Von Leo natürlich. Der hatte sich endlich getraut!

Und am nächsten Tag gab die berühmte Seiltänzerin Lisabeta Schwindelfrei die beste Vorstellung ihres Lebens. In ihrem blonden Haar steckte das Blümchen von Leo. Und in ihrer Brust schlug, leicht wie ein Schmetterling, ihr glückliches Herz.

Die Schneefee

In einem kleinen Dorf, nahe den Zipfelmützenbergen und dem Milchsee, lebte einmal ein kleines Mädchen, das hieß Anne und war sechs Jahre alt. Es hatte muntere blaue Äuglein, braune Locken und rote Backen. Anne spielte für ihr Leben gern draußen. Zu jeder Jahreszeit war sie in ihrem großen Garten zu finden, und ganz oft war ihr Freund Friedel dabei.

Heute aber waren beide ein bisschen traurig. Es war nämlich schon Dezember, und es hatte noch nicht geschneit!

Wie gerne hätten die Kinder eine Schneeballschlacht gemacht oder einen riesigen Schneemann gebaut. An den letzten Schneemann konnten sie sich noch gut erinnern, der war so groß gewesen, dass Anne am Schluss auf eine Leiter steigen musste. Seine Nase war keine Karotte, sondern eine ausgewachsene Gurke, aus der wollte Annes Mutter eigentlich einen Salat machen.

Als Anne abends im Bett lag und ihre Mutter ihr eine Geschichte vorlesen wollte, hörte sie gar nicht richtig zu.

„Mama, warum schneit es nicht?", fragte sie traurig. „Friedel und ich warten schon so darauf!"

„Irgendetwas passt der Schneefee nicht", antwortete die Mutter und legte das Buch zur Seite.

„Schneefee", fragte Anne erstaunt, „wer ist denn das?"

„Die Schneefee macht den Schnee, das ist doch klar", antwortete die Mutter. „Ich habe allerdings gehört, dass sie sehr empfindlich ist. Irgendetwas muss sie gekränkt haben. Sonst hätte es schon längst geschneit."

In dieser Nacht konnte Anne nicht einschlafen. Ich muss die Schneefee suchen, beschloss sie. Ich muss wissen, warum es nicht schneit!

Gut, dass sie schon Weihnachtsferien hatten! Am nächsten Morgen packte Anne ihr Frühstücksbrot in einen Rucksack, füllte Kakao in eine Flasche und nahm sich zwei Äpfel. Dann zog sie los.

Alle schliefen noch, nur beim Bäcker brannte schon Licht. Nach den Dorfhäusern wurde es einsam, aber Anne kannte sich gut aus.
In dem kleinen, angrenzenden Wäldchen hatte sie oft mit Friedel Verstecken gespielt.
Dann aber kam Anne in eine Gegend, die sie noch nicht kannte. Weite Felder erstreckten sich. Der Boden war ganz hart gefroren. Dahinter begann ein kleines Gebirge.
Die Berge konnte man sogar von Annes Zimmer aus sehen, aber sie war noch nie dort gewesen. Vielleicht wohnt die Schneefee dort im Gebirge?, dachte Anne.
Ihr war ein kleines bisschen mulmig zumute. Dann aber dachte sie an das traurige Gesicht von Friedel und sie marschierte tapfer weiter. Im Gebirge blies ein eisiger Wind, und es war zu kalt, um eine Pause zu machen, so sehr ihr Magen inzwischen auch knurrte.
Es dauerte nicht lange, da tauchte ein herrliches Schloss vor dem Mädchen auf. Es hatte spitze Türme, die wie Eiszapfen aussahen, und war ganz weiß. Wohnte dort die Schneefee?
Anne drückte vorsichtig gegen die Tür, und sie sprang wie von selbst auf. Anne war überrascht. Auch innen war das Schloss ganz weiß, alle Tische und Stühle waren aus Eis, die hohen, spitzen Fenster waren über und über mit Eisblumen geschmückt, und von der Decke hing ein riesiger Kronleuchter, der war ganz aus Eiskristallen gemacht und glitzerte und funkelte, dass es richtig blendete.

Ganz, ganz hinten an der Wand sah Anne einen hohen Thron, und darauf saß eine wunderschöne Frau. Das musste die Schneefee sein!

Zaghaft näherte sich Anne der weißen Gestalt. Sie hatte milchweiße Haut, strahlende, hellblaue Augen und langes, silbriges Haar, das ihr bis auf den Rücken fiel. Ihr Kleid war ganz aus Silberfäden gemacht, die schwangen hin und her, wenn sie sich bewegte.

„Warum bist du zu mir gekommen?",

fragte nun die schöne Fee.

„Ich komme, weil es bei uns noch nicht geschneit hat. Wir sind sehr traurig darüber."

„Wer ist ‚wir'?", wollte die Schneefee wissen.

„Mein Freund Friedel und ich. Wir spielen nämlich furchtbar gerne im Schnee. Es gibt nichts Schöneres als eine Schneeballschlacht oder Schlitten fahren oder einen Schneemann bauen."

„Ha!", unterbrach sie die Schneefee. „Da haben wir's wieder!"

„Was meinst du denn?", stammelte Anne erschrocken.

„Ich meine", schimpfte die Schneefee, „dass die ganze Welt Schneemänner baut! SchneeMÄNNER, verstehst du? Hast du jemals eine SchneeFRAU gesehen? Und das, obwohl ich den Schnee mache. Eine Unverfrorenheit ist das!"

„So hab ich das noch gar nicht gesehen", antwortete Anne verdutzt, „aber du hast recht: Bei uns im Dorf hat es wirklich noch nie eine Schneefrau gegeben."

„Eben", entgegnete die Fee nun. „Ich wäre ja schon zufrieden, wenn einer, ein einziger mal eine Schneefrau bauen würde. Aber nein! Immer bloß die dicken, runden Kerlchen mit ihren Möhrennasen, Kohleaugen, Reisigbesen, Suppentopfhüten, Kugelbäuchen. Und deshalb habe ich beschlossen, dass es nicht mehr schneit. So. Basta!"

„Weißt du, liebe Fee", meinte Anne nun, „ich glaube, es war gar nicht böse gemeint, dass noch keiner eine Schneefrau gebaut hat.

Es ist nur noch nie einem eingefallen. Aber ich habe eine Idee: Schick du uns Schnee und ich verspreche dir, dass ich eine Frau baue. Und sie wird genauso schön werden, wie du es bist."
Die Schneefee überlegte einen Moment.
„Einverstanden", meinte sie dann lächelnd und sah damit noch schöner aus. „Aber wehe, du hältst dein Versprechen nicht. Dann könnt ihr bis zum Sankt Nimmerleinstag auf Schnee warten. Und jetzt musst du gehen. Du hast ja schon ganz blaue Lippen!" Sie gab Anne noch einen eisigen Kuss auf die Stirn.
Dann ging das Mädchen nach Hause zurück. Sie beeilte sich sehr, denn ihr war inzwischen fürchterlich kalt geworden. Als sie das Gebirge hinter sich hatte, sah sie plötzlich kleine Flöckchen vom Himmel fallen. Es schneite!
Am Wäldchen waren aus den Flöckchen schon richtig große Flocken geworden, und als sie das Dorf erreichte, lag dort schon dicker Schnee.
Friedel sprang ihr fröhlich entgegen. Er hatte eine warme Wollmütze und Handschuhe an. „Anne", schrie er schon von Weitem, „schau doch, der Schnee! Ich hab den Schlitten dabei. Lass uns gleich rodeln."
Da erwachte Anne, und neben ihrem Bett saß ein sehr aufgeregter Friedel. „Schau doch mal aus dem Fenster. Alles ist ganz weiß! Mindestens dreißig, nein, vierzig Zentimeter Schnee."

Anne setzte sich im Bett auf. Hatte sie die Geschichte mit der Schneefee etwa nur geträumt?

„Schnell, zieh dich an. Wir machen eine Schneeballschlacht und dann wird gerodelt!", schrie Friedel und zerrte an Annes Arm.

„Das muss noch warten", schmunzelte Anne, „zuerst habe ich etwas zu erledigen!" Sie erzählte Friedel, was passiert war.

Dann bauten sie eine Schneefrau. Anne bemühte sich, sie so schön zu machen, wie sie die Schneefee in Erinnerung hatte.

Aber Anne war nicht zufrieden. „Sie hatte so schönes Haar. Wie soll ich nur dieses Haar aus Schnee hinbekommen, das ist unmöglich!"

Traurig ging sie an diesem Abend schlafen. Sie machte sich Sorgen, dass der Fee die Frau aus Schnee nicht gefallen würde.

Morgen ist der Schnee bestimmt wieder weg, dachte sie bekümmert.

Am nächsten Tag ging sie als Erstes an ihr Fenster, um die Schneefrau anzuschauen. Und was sah sie? Über Nacht hatte jemand silbrige Fäden auf dem Kopf der Schneefrau verteilt.

Jetzt sah sie tatsächlich so aus, wie die Schneefee, ganz genauso.

„Das muss die Fee selbst gewesen sein!", rief Anne aufgeregt.

Den ganzen Winter bis weit in den Februar hatten die Kinder herrlichen Schnee. Als die Schneefrau taute, nahm Anne das Silberhaar und bewahrte es in einem schönen Kästchen auf.

Im nächsten Winter schmückte sie damit den Weihnachtsbaum.

Wenn ihr an Weihnachten Lametta an euren Baum hängt, dann denkt an die schöne Schneefee. Und wenn draußen dicker Schnee liegt, baut etwas Schönes daraus. Es muss ja nicht immer ein Schneemann sein!

Das neue Mädchen

Mieke setzt gerade mit Lea ein Katzenpuzzle zusammen, als Dagmar, die Erzieherin, mit dem neuen Mädchen in den Gruppenraum kommt.

„Das ist Amelie, sie hat heute ihren ersten Tag im Kindergarten", sagt sie. „Kümmert ihr euch ein bisschen um sie?"

Mieke nickt und schaut zu Lea hinüber. Lea nickt auch. Klar machen sie das. Sie kennen sich ja hier im Kindergarten gut aus. Sie können Amelie jede Ecke, jeden Winkel zeigen. Und sie können mit ihr spielen, denn als Neue hat Amelie vielleicht noch keine Freunde.

Amelie sieht aus wie ein Vögelchen, das aus dem Nest gefallen ist. Ihre Augen sind gerötet. Ob sie geweint hat?

„Willst du mit uns zusammen puzzeln?", fragt Mieke.

Amelie schaut etwas ratlos und sagt nichts.

„Unser Puzzle ist zu schwer für sie", sagt Lea.

Das stimmt. Amelie ist noch klein, und für das Katzenpuzzle muss man schon ein bisschen groß sein. Extra für Amelie holt Mieke also ein anderes Puzzle aus dem Regal, eins mit großen Puzzleteilen aus Holz.

Aber Amelie reibt sich nur die Augen und sagt immer noch nichts.

„Sie will gar nicht puzzeln", meint Lea.

„Willst du Lego bauen?", fragt Mieke. „Puppen spielen? Malen?"

Amelie hebt die Schultern und lässt sie ratlos wieder sinken.

„Die kann gar nicht sprechen", vermutet Lea.

Aber als Mieke und Lea nachher Tierarzt spielen und ein Teddy, der dringend operiert werden muss, in ihre Sprechstunde kommt, da sagt Amelie auf einmal: „Zu Hause hab ich auch so einen Teddy."

Sie kann also doch sprechen.

„Willst du auch mal operieren?", fragt Mieke. Amelie nickt, und Mieke holt noch schnell einen Affen und ein Pferd, damit sie die auch in ihrer Sprechstunde behandeln können.

Am nächsten Tag sieht Amelie nicht mehr aus wie ein Vögelchen, das aus dem Nest gefallen ist, sondern einfach nur wie ein ganz normales kleines Mädchen. Sie will mit Mieke und Lea Bauernhof spielen, und manchmal lacht sie sogar dabei.

„Das ist wirklich toll, wie ihr euch um Amelie kümmert", sagt Dagmar, und das macht Mieke stolz.

Aber am dritten Tag kommt Mieke erst später in den Kindergarten, weil sie zuerst mit Mama zum Kinderarzt muss. Der will wissen, wie groß sie ist und wie viel sie wiegt und ob sie gesund ist, und all das dauert natürlich ein bisschen.

Deshalb spielen schon alle draußen, als Mieke endlich im Kindergarten ankommt, und Lea und Amelie sitzen auf den beiden Schaukeln und lachen miteinander. Als sie das sieht und hört, da sticht etwas in Miekes Brust. Richtig doll sticht es. Sie muss erst einmal tief atmen, und dann muss sie schlucken.

Dann erst kann sie zu den beiden hingehen.

„Komm, wir bauen eine Ritterburg im Sand", schlägt sie Lea vor.

„Nein", antwortet Lea und schwingt sich mit der Schaukel höher. „Ich will noch mit Amelie schaukeln."

Da sticht es wieder. Noch viel doller als vorher sticht es. Es sticht sogar so doll, dass Mieke zu Amelie gehen und ihre Schaukel anschubsen muss.

„Nicht so hoch!", schreit Amelie. Aber Mieke muss noch viel fester schubsen. Bis Amelie anfängt zu weinen und Dagmar angelaufen kommt.

„Siehst du denn nicht, dass Amelie gleich von der Schaukel fällt?", schimpft sie.

Sie nimmt Mieke an der Hand und setzt sie neben sich auf die Bank, während die anderen Kinder weiterspielen dürfen.

„Warum hast du die arme Amelie denn so geärgert?", will Dagmar wissen. Mieke presst nur die Lippen zusammen. Amelie ist überhaupt nicht arm. Die tut nur so. Die tut so, als sei sie ein hilfloses Vögelchen, und kaum kümmert man sich ein bisschen um sie, schnappt sie einem die beste Freundin weg. Das ist gemein.
Später, als Lea nicht mehr mit Amelie schaukelt und Mieke auch nicht mehr auf der Bank sitzen muss, fragt Lea sie: „Spielst du mit uns Fangen?"
Aber Mieke will nicht etwas spielen, bei dem die gemeine Amelie auch wieder mitspielt, und deshalb faucht sie: „Nee, Fangen spielen ist doch so was von blöde."
„Nee", faucht Lea zurück. „Du bist so was von blöde." Sie rennt weg und spielt mit Amelie alleine Fangen.
Mieke baut stattdessen mit Johannes und Simon die Ritterburg im Sandkasten. Aber immer, wenn sie zu Amelie und Lea hinüberschielt und sieht, wie die beiden zusammen spielen und ohne sie Spaß haben, da sticht es wieder so in ihr. Ihre Ritter stürmen dann jedes Mal besonders wild auf die Burg los und werfen besonders wild die anderen Ritter um.
„Du spinnst wohl", regt sich Johannes auf, als bei einem besonders wilden Kampf die halbe Burg zu Bruch geht.
„Du spinnst selber, du Blödi", schreit Mieke und haut auch noch die andere Hälfte der Burg um.

„Ich glaube, heute ist nicht so dein Tag, Mieke", seufzt Dagmar, was auch immer das heißen mag, und dann muss Mieke schon wieder neben ihr auf der Bank sitzen. Diesmal bis zum Mittagessen. Das ist eine ganz schön lange Zeit.

Während Mieke so auf der Bank sitzt und hin und her rutscht und irgendwann vor lauter Langeweile die Wolken am Himmel anstarrt, rennt Amelie beim Fangen spielen immer um ihre Bank herum. Schließlich stoppt sie und bleibt direkt vor Mieke stehen.

„Musst du noch lange hier sitzen?", fragt sie.

Mieke starrt immer noch zu den Wolken hinauf. Eine sieht aus wie ein Dinosaurier.

„Zu zweit Fangen spielen ist doof", sagt Amelie.

„Na und?", knurrt Mieke. Alleine neben einer Erzieherin auf der Bank sitzen ist auch doof.

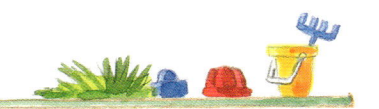

Amelie setzt sich neben sie und schaut mit ihr zusammen in den Himmel. „Was guckst du da?", will sie wissen. „Was ist da oben?"
„Wolken sind da oben", knurrt Mieke.
„Ja!", ruft Amelie und strahlt. „Da ist eine Dino-Wolke!"
Mieke schaut sie von der Seite an. Amelie hüpft vor Freude auf der Bank auf und ab. Im Augenblick sieht sie eigentlich nicht so besonders gemein aus.
„Wir können ja Wolken raten machen", sagt sie.
„Ich will auch!", ruft Lea und drängelt sich neben sie. Da müssen sie ganz schön zusammenrutschen, denn nun wird es richtig eng auf der Bank. Aber sie passen gerade so hin, alle drei nebeneinander. Lea rechts, Amelie links und Mieke in der Mitte. Und zu dritt macht ja vielleicht doch alles dreimal so viel Spaß. Teddys operieren, Fangen spielen, Wolken raten oder sogar bis zum Mittagessen auf der Bank sitzen müssen.

Maaremir und die kleine Meerjungfrau

In einer Höhle auf dem Meeresgrund wohnte das Seeungeheuer Maaremir. Sein ganzes Leben hatte Maaremir hier unten verbracht. Nur wenn er Hunger hatte, schwamm er nach oben, dem Licht entgegen, wo die anderen Meeresbewohner lebten.

Maaremir war uralt, sehr einsam und sehr, sehr böse. Er war sogar so böse, dass er es nicht ertragen konnte, wenn andere glücklich waren.

„Hier gibt es nichts zu lachen", herrschte er die Fische an, wenn sie mit fröhlicher Miene an ihm vorbeischwammen. Und schnapp, schon hatte er sie aufgefressen.

„Hier gibt es nichts zu lachen", brüllte er auch dann, wenn er den Gesang und die fröhlichen Stimmen vom Hof des Meereskönigs hörte. Der Meereskönig lebte mit seinem Volk inmitten eines Waldes aus herrlich bunten Korallen. Und weil es dort so schön und der Meereskönig so gütig und seine Tochter, die kleine Meerjungfrau, so lieblich war, wurde in seinem Königreich den ganzen Tag gelacht und gesungen.

Maaremir bekam davon Bauchkrämpfe vor Wut. Am schlimmsten war es, wenn er das glockenhelle Lachen der kleinen Meerjungfrau hörte. Dann schüttelte es ihn, dass er es kaum noch aushalten konnte.

„Hört endlich auf, so schrecklich glücklich zu sein!", brüllte er und knirschte mit seinen furchtbaren Zähnen.

Aber Maaremir konnte ja nicht den ganzen Königshof auffressen. Das wäre selbst für seinen großen Magen zu viel gewesen. Deshalb beschloss er: „Ich werde das Meeresvolk unglücklich machen. Ich werde ihnen das Liebste rauben, was sie haben: die kleine Meerjungfrau."

Eines Tages war die kleine Meerjungfrau an den Rand des Korallenwaldes geschwommen. Sie pflückte ein paar der Meeresblumen, die hier wuchsen, und flocht sich ein buntes Band in die Haare. Dann holte sie den kleinen Spiegel hervor, den sie immer bei sich trug, und schaute sich an.

Mit einem Mal ertönte ein Dröhnen und Rauschen über ihr. Ängstlich ließ die kleine Meerjungfrau den Spiegel sinken. Um sie herum wurde es dunkel. Im nächsten Moment griffen zwei riesige Klauen nach ihr.

„Hilfe, Hilfe!", schrie die kleine Meerjungfrau. Maaremir wollte sie schon fressen, doch als er ihr liebliches Gesicht direkt vor sich sah, da bekam nicht einmal er die Zähne auseinander.

Deshalb packte er sie nur und schleppte sie davon, bis zum Grund des Meeres. Dort sperrte er sie in seine Höhle und setzte sich zufrieden davor.

„Jetzt singen und lachen sie nicht mehr", sagte Maaremir hämisch, wenn er der kleinen Meerjungfrau etwas zu essen in ihr Gefängnis warf. „Jetzt sind sie endlich still."

„Warum bist du nur so böse?", fragte die kleine Meerjungfrau. „Warum willst du nicht, dass jemand glücklich ist?"

„Ich bin doch auch nicht glücklich", grollte Maaremir.

„Aber was hast du davon, wenn die anderen genauso unglücklich sind wie du?", wollte die kleine Meerjungfrau wissen. „Wirst du davon etwa glücklicher?"

„Ja!", brüllte Maaremir. Aber die kleine Meerjungfrau glaubte ihm nicht, denn warum brüllte er dann so?

Verzweifelt überlegte die kleine Meerjungfrau nun, wie sie sich befreien könnte, aber ihr fiel nichts ein.

Eines Tages holte sie ihren Spiegel hervor und musterte ihr kleines Gesicht. Wie traurig sie aussah! Ob der Vater sie überhaupt noch erkennen würde? Da stürzte Maaremir herbei und riss ihr den Spiegel aus der Hand. „Was hast du da?", brüllte er.

Die kleine Meerjungfrau wollte es ihm erklären, als sie plötzlich bemerkte, wie sich der Blick des Seeungeheuers veränderte. Entzückt starrte Maaremir sein Spiegelbild an.

„Siehst du das?", flüsterte da die kleine Meerjungfrau. „Das ist ein Zauberspiegel. Darin lebt ein Seeungeheuer, das sieht genauso aus wie du. Aber du musst immer in diesen Zauberspiegel schauen, sonst verschwindet es wieder." Maaremir schaute und schaute. Er konnte es kaum fassen. Er war nicht mehr das einzige Seeungeheuer. Er war nicht mehr so schrecklich allein! Die kleine Meerjungfrau schlüpfte an ihm vorbei aus der Höhle und schwamm lautlos davon. Maaremir merkte es nicht. Noch immer schaute er das Seeungeheuer im Spiegel an. Als aus der Ferne Freudenrufe und Jubelgesänge an sein Ohr drangen, da lachte er. Und das Seeungeheuer im Spiegel lachte mit.

Die Zirkusprinzessin

In der Manege trabt das schwarze Pferd Tino im Kreis herum. Mitten im Lauf springt Patrick ab, macht einen Salto und landet elegant auf beiden Füßen. Mit einem Lächeln verbeugt er sich vor den leeren Zuschauerrängen.
Lilly klatscht in die Hände. Papa lobt ihn: „Das war sehr gut! Wenn du das heute Abend bei der Vorstellung auch so machst, wird es eine tolle Nummer." Patrick strahlt und verbeugt sich gleich noch einmal.
„Bitte, Papa, ich will auch endlich mal mit auftreten", bettelt Lilly.
„Du?", fragt Patrick. „Was kannst du denn schon?"
„Ich kann eine ganze Menge!", ruft Lilly wütend.
Papa streicht ihr übers Haar. „Nein, Lilly, dafür bist du noch zu klein."
Zu Patrick sagt er: „Mittagspause. Wir proben nachher weiter."
Tino hört sofort auf zu traben, senkt den Kopf und knabbert am Sägemehl, das in der Manege liegt. Als hätte er verstanden, was Papa eben gesagt hat.
Patrick fasst sein Halfter und drückt es Lilly in die Hand. „Bring ihn zurück in seine Box", bestimmt er. Dann verlässt er die Manege und geht mit Papa zu Mama in den Wohnwagen.
Lilly hat keinen Hunger. Sie schaut Patrick finster nach. Immer will er sie herumkommandieren. Und das nur, weil er schon mit den

Eltern zusammen bei den Vorstellungen auftreten darf. Dabei möchte sie auch so gerne eine richtige Zirkusprinzessin sein!

Aber sie darf immer nur zuschauen, während die anderen ihre Kunststücke vor dem begeisterten Publikum zeigen.

Und die Eltern sagen immer nur dasselbe: „Du bist noch zu klein."

Genau wie Papa vorhin.

Dabei ist Lilly gar nicht mehr so klein. Gut, sie kann noch nicht lesen und schreiben, so wie Patrick, aber reiten, das kann sie schon ewig. Und darauf kommt es doch an, wenn man ein Zirkuskind ist und die Eltern bekannt sind für ihre tollen Pferdenummern.

Lilly zaust Tinos schwarze Mähne. „Ich kann auch schon ein Kunststück", sagt sie zu ihm. „Stimmt's?"

Tino schnaubt und nickt mit dem Kopf. Lilly streichelt ihn. Tino versteht sie, ganz bestimmt. Tino versteht alles, was man sagt. Vielleicht sollte sie es einfach mal ausprobieren. Jetzt, in diesem Augenblick, in dieser Manege, die so still und verlassen liegt, wie es sonst fast nie vorkommt beim Zirkus.

Wieder schnaubt Tino und nickt mit dem Kopf. Vielleicht versteht er nicht nur, was man sagt, vielleicht kann er auch Gedanken lesen? Lilly lässt Tinos Halfter los. „Lauf", flüstert sie. Und Tino beginnt zu traben, ganz langsam, rund und rund in der Manege herum.

Lilly läuft an. Wie gut, dass Tino nicht so ein großes Pferd ist! Sie rennt neben ihm her, springt dann mit beiden Beinen ab, greift gleichzeitig in seine Mähne und zieht sich auf seinen Rücken. Geschafft! In Gedanken hört sie den Applaus der Zuschauer.

Jetzt muss sie ihr Kunststück machen. Das hat sie schon oft geübt, heimlich, wenn Tino in der Box stand und keiner zugesehen hat. Ob sie es auch kann, während Tino in der Manege trabt?

Los, feuert Lilly sich selbst an, ich bin eine Zirkusprinzessin, ich kann das! Sie hebt die Beine hoch und schwingt sich so herum, dass sie auf einmal rückwärts auf Tino sitzt. Die Zuschauer in Lillys Kopf klatschen begeistert.

Und wieder zurück. Lilly hebt die Beine, nimmt Schwung und dann sitzt sie wieder richtig auf dem Pferd. Die Zuschauer rasen vor Begeisterung.

Nun kommt noch der Schluss. Sie muss abspringen. Natürlich trabt Tino nur ganz langsam, und natürlich will Lilly auch keinen Salto machen, so wie Patrick vorhin. Aber es ist trotzdem schwer genug. Lilly atmet tief durch, dann springt sie.
Der Manegenboden kommt in rasender Geschwindigkeit näher.
Sie breitet die Arme aus und landet auf beiden Füßen.

Lilly ist selig. Mit strahlenden Augen verbeugt sie sich vor den leeren Zuschauerrängen. Und dann klatscht jemand. Ganz laut und nicht nur in Lillys Kopf. Papa klatscht. Er hat am Eingang gestanden und unbemerkt zugeschaut.
„Heute Abend darfst du mit uns auftreten", verspricht er Lilly. „Heute Abend darfst du eine richtige Zirkusprinzessin sein."

Die kleine Hexe kommt in die Schule

„Komm ich wirklich morgen in die Schule, Mama?", fragt die kleine Hexe aufgeregt. „Ganz, ganz wirklich?"

Hexenmama Mathilde seufzt. „Ach, Klarissa. Wie oft hast du mich das schon gefragt?"

Klarissa streichelt ihrem Kater Mutzke übers schwarze Fell und schmollt. Na gut, sie hat heute bestimmt schon ein Dutzend Mal gefragt, ob sie morgen in die Schule kommt. Vielleicht auch eine Million Mal.

Aber was macht das schon? Der erste Schultag ist nun mal der allerwichtigste Tag im Leben einer kleinen Nachwuchshexe!

Nicht mehr in den ollen Hexenkindergarten, auch nicht mehr in die doofe Hexenvorschule. Nein, die richtige Hexenschule muss es sein! Weil kleine Hexen erst auf der Hexenschule das große Hexeneinmaleins lernen.

Ohne großes Hexeneinmaleins gibt es nämlich keine richtige Hexerei. Kein Staubtuch und keinen Handfeger kann man ohne das große Hexeneinmaleins zum Fliegen bewegen. Geschweige denn einen Besen, wo doch jedes Kind weiß, dass ein fliegender Besen zur Grundausstattung einer Hexe gehört!

Klarissa seufzt so tief, dass ihre Mutter Mathilde vom Kochtopf aufblickt, in dem sie gerade rührt. Eine Suppe aus Mückenpieks und Spinnenhaar blubbert und köchelt in dem großen Topf leise vor sich hin. Suppe aus Mückenpieks und Spinnenhaar ist eine sehr bekömmliche Mahlzeit vor großen Ereignissen, wenn der Bauch sowieso schon vor lauter Aufregung grummelt und zwickt und man gar keinen rechten Appetit hat.

Denn wenn Klarissa ehrlich ist, ist sie doch ein bisschen ängstlich und besorgt, wenn sie sich vorstellt, wie es ihr in der Hexenschule wohl ergehen mag. Ob sie eine nette Lehrerin bekommt? Und ob sie neue Freundinnen findet?

Hoffentlich darf ich neben Farina sitzen, denkt sie. Wenn man am ersten Schultag neben der allerbesten Freundin sitzen darf, ist alles andere nur halb so schlimm.

Am nächsten Morgen verschläft Klarissa um ein Haar. Sie träumt so tief und fest, dass ihre Mutter sie schütteln muss, um sie wach zu bekommen.

„Warum weckst du mich?", brummt Klarissa. Sie gähnt und streckt sich wie ein kleines Kätzchen.

Aber plötzlich ist sie hellwach! Sie springt aus dem Bett, reißt die Vorhänge auf und ruft laut in den freundlichen Sommermorgen hinein: „Heute ist es soweit! Ich komme in die Schule!"

„Weiß ich doch", knurrt der alte Apfelbaum vor ihrem Fenster.

Er raschelt mit seinen Blättern. Ein roter Apfel plumpst ins Gras.

„Du sprichst doch seit Wochen von nichts anderem!"

Der alte Apfelbaum war der allererste Baum, den Klarissa eigenhändig verhext hat. Eigentlich wollte sie ihm nur süßere Äpfel anhexen, aber dann konnte er mit einem Mal sprechen. Aber, nun ja, so etwas kann schon mal passieren, wenn man das große Hexeneinmaleins noch nicht beherrscht. Aber das wird sich ja bald ändern, zum Glück.

„Ich bin sooo aufgeregt!", sagt Klarissa zu ihrem Spiegelbild, während sie sich sorgfältig die roten Haare kämmt.

Obwohl ihr vor Aufregung fast ein bisschen schlecht ist, besteht ihre Mutter darauf, dass Klarissa ein Schälchen Mückenpieks-Spinnenhaar-Suppe löffelt und wenigstens ein kleines Blättchen Knusperlaub mit Grieselwurz zum Frühstück isst.

„Das beruhigt den Magen, mein Kind", weiß die kluge Hexenmama. „Und außerdem wird mit leerem Magen nicht gehext. Das geht meistens schief."

Nach dem Frühstück machen sich Klarissa und ihre Mama dann endlich auf den Weg zur Hexenschule.

„Hast du meine Schultüte?", fragt Klarissa. Sie zappelt und hüpft von einem Fuß auf den anderen. Ihre roten Haare stehen wie wild vom Kopf ab, obwohl sie sich beim Kämmen extra viel Mühe gegeben hat.

Ihre Mutter nickt und zeigt auf etwas Dunkles, Spitzes, gut Eingewickeltes, das sie unter ihrem Hexenumhang verbirgt.

„Und meinen neuen Besen?", bohrt Klarissa nach. „Hast du den auch?"

Wieder nickt Mama Mathilde. „Aber du weißt", sagt sie, „dass du damit noch nicht alleine fliegen darfst?"

„Ja", antwortet Klarissa. „Leider."

Vor der Hexenschule herrscht lebhaftes Gewusel und Gedränge. Alle Freundinnen sind schon da, und Klarissa wird lautstark begrüßt.

„Wollen wir zusammensitzen?", fragt Farina.

„Na klar!", freut sich Klarissa.

Eine helle Glocke ertönt, und viele aufgeregte kleine Hexen drängen mit ihren aufgeregten Müttern, Vätern, Großmüttern, Großvätern, Onkeln und Tanten und noch mehr Verwandten in das Schulgebäude. Das alte Haus ächzt und stöhnt unter dem ungewohnten Andrang und macht sich schnell ein bisschen größer und breiter, damit auch alle Platz finden.

Die Schuldirektorin, Fräulein Miranda Zwack, klatscht in die Hände und bittet um Ruhe. Weil Farinas kleiner Bruder trotzdem weiter lärmt und stört, wird er von Fräulein Miranda kurzerhand in einen Igel verhext, der sich beleidigt in einer Ecke zusammenrollt und die Schnauze unterm Stachelkeid versteckt.

Geschieht ihm recht, denkt Klarissa kichernd. Selber schuld!

„Herzlich willkommen auf der Schule für Hexerei!", ruft Fräulein Miranda. „Ich verteile euch jetzt auf eure Klassen, eure Lehrerinnen warten nämlich schon ganz gespannt auf euch. Und dann geht es auch endlich los mit dem Hexenunterricht. Viel Spaß!"

Klarissa und Farina fassen sich an den Händen und drücken sie ganz fest. Auch als ihre Namen vorgelesen werden und sie nach vorne kommen sollen, lassen sie nicht los.

„Wir bleiben zusammen", sagt Farina zu der verdutzten Schuldirektorin.

Klarissa nickt. „Ja, das steht fest!"

Seite an Seite folgen sie den anderen kleinen Hexen in ihr Klassenzimmer und setzen sich in die erste Bank, gleich am Fenster.

„Du, ich glaub, jetzt können wir loslassen", flüstert Farina.

Klarissa zögert, aber dann lässt sie Farinas Hand los.

Eigentlich kann nun nichts mehr schiefgehen, denkt sie. Wo ich doch neben meiner besten Freundin sitze.

Die Lehrerin ist nett, sehr nett sogar. Sie heißt Rosalinda Donnerstag, hat grünglänzende Locken und ein freches Blitzen in den haselnussbraunen Augen.

In der ersten Stunde liest sie eine Zaubergeschichte vor, dann lernt sie die Namen ihrer Schülerinnen auswendig, und zum Schluss gehen sie hinaus auf den Schulhof, und alle dürfen eine Runde auf Rosalinda Donnerstags Zauberbesen mitfliegen.

Rosalinda Donnerstag ist eine sehr gute Fliegerin. Nur Farina ist ein bisschen blass um die Nase, als sie hinter ihrer Lehrerin vom Besen klettert. Aber das ist auch kein Wunder, denn Fräulein Donnerstag hat einen dreifachen Looping mit ihr gedreht!

Da ertönt auch schon wieder die Glocke, und die Schule ist aus.
„Bis morgen, liebe Kinder", verabschiedet sich Frau Donnerstag und winkt zum Abschied.
„Na?", fragt Klarissas Mutter auf dem Heimweg. „Hat dir dein erster Schultag gefallen? War alles so, wie du es dir vorgestellt hast?"

„Oh ja!", sagt Klarissa. „Es war sogar noch viel, viel besser! Schule ist echt klasse!"

Glücklich streichelt sie ihren nagelneuen Hexenbesen, auf dem sie schon bald fliegen lernen wird, und betrachtet die prall gefüllte Schultüte, die sie bekommen hat.

Ja, denkt sie. Es ist wirklich toll, in die Schule zu kommen. Schade nur, dass nicht jeder Tag der erste Schultag ist. Und schade, dass ich noch nicht auf dem Besen nach Hause fliegen darf. Aber bald lerne ich richtig hexen, und dann darf ich fliegen. Es dauert nur noch ein winziges Weilchen.

„Gut Ding will Weile haben", sagt die Hexenmama, als hätte sie Klarissas Gedanken gelesen, und lacht. „Es ist schließlich noch keine Hexe vom Himmel gefallen!"

Detektive im Stall

Es wurde Abend auf dem Ponyhof. Lars und Dany hockten nebeneinander in der Box auf einem Strohballen. Neben ihnen knusperte ihr Lieblingspony Zottel an einer Rübe, die sie ihm mitgebracht hatten. Zottel fraß Rüben für sein Leben gern. „Schade, dass der Urlaub von Lisa und Mark schon vorbei ist", sagte Dany. Sie war ganz traurig, dass die beiden heute abgefahren waren. Aber so war das nun mal, wenn die eigenen Eltern einen Ferienhof hatten: Kaum hatte man sich mit anderen Kindern angefreundet, mussten sie schon wieder nach Hause fahren.

Ihr Bruder Lars sagte: „Aber dafür ist doch Tobias neu angekommen."
Dany verdrehte die Augen. „Mit diesem Angeber will ich nichts zu tun haben!"
Wie aufs Stichwort knarrte die Stalltür, dann stapfte ein blonder Junge herein. Als er die beiden Geschwister bei Zottel in der Box sah, blieb er stehen.
„Habt ihr eigentlich nur diese Mini-Pferde hier?", fragte er. „Ich reite sonst immer auf richtigen Pferden."
„Dann solltest du nicht Urlaub auf einem Ponyhof machen, sondern auf einem Riesenpferdehof", antwortete Dany gereizt.
„Du hast ja vielleicht 'ne miese Laune." Tobias schüttelte den Kopf, drehte auf dem Absatz um und stapfte wieder aus dem Stall hinaus.
Auch die Geschwister machten sich daran, ins Haus zu gehen. Sie sagten Zottel Gute Nacht, schauten noch einmal nach, ob auch alle Ponys in ihren Boxen gut versorgt waren und schoben dann sorgfältig den Riegel vor die Stalltür.
Am nächsten Morgen wurde Dany ziemlich früh von ihrem Bruder geweckt. „Zottel ist abgehauen!", rief er. „Der Nachbar hat ihn gerade auf seinem Rübenfeld eingefangen und zurückgebracht."
Dany rieb sich die Augen und gähnte. Sie war irgendwie noch zu müde, um alles zu verstehen, was Lars da sagte. Wie sollte Zottel denn aus einem geschlossenen Stall abgehauen sein? Das ging doch gar nicht.

Schlaftrunken schlüpfte sie in ihre Klamotten und stolperte hinter Lars her zum Stall. Dort hatten sich schon fast alle Ferienkinder um den Vater geschart, der Zottel am Halfter hielt. Er machte ein ziemlich ernstes Gesicht.

Als er Dany und Lars sah, schimpfte er: „Was habt ihr euch nur dabei gedacht? Gerade ihr beiden müsst doch wissen, dass der Stall über Nacht nicht offen bleiben darf."

„Aber wir haben gestern alle Riegel vorgeschoben", verteidigte sich Dany.

„Ach ja?", sagte der Vater. „Und warum waren dann heute Morgen die Box von Zottel und die Stalltür offen? Du und Lars, ihr wart die Letzten im Stall. Das hat Tobias mir eben erzählt."

Dany warf Tobias einen wütenden Blick zu. Der schaute weg. Bestimmt grinste er jetzt.

„Der Nachbar hat sich ziemlich aufgeregt", sagte der Vater. „Zottel hat sein Feld ganz schön zertrampelt und auch noch eine Menge Rüben gefressen. Also, Lars und Dany, zur Strafe seid ihr heute dran mit Stallausmisten."

Dany kochte vor Wut. Das Stallausmisten machte ihr kaum etwas aus. Aber bestraft zu werden, obwohl sie gar nichts getan hatte, das machte ihr was aus. Ziemlich viel sogar. Das fand sie so ungerecht, dass ihr beinahe die Tränen kamen. Aber sie schluckte sie herunter. Sie wollte nicht, dass dieser blöde Tobias auch noch sah, wie sie anfing zu heulen.

„Das hat der absichtlich gemacht", sagte sie zu Lars, während sie das alte Stroh aus Zottels Box kehrten. „Er wollte sich rächen, weil ich ihn gestern Abend angemeckert habe. Da hat er abgewartet, bis wir weg waren, und dann hat er die Riegel wieder aufgemacht und uns alles in die Schuhe geschoben."

„Meinst du wirklich?" Lars kaute nachdenklich an seiner Unterlippe. „Dafür hast du aber keine Beweise."

Aber Dany war überzeugt, dass Tobias der Übeltäter war. „Bestimmt macht er uns noch mehr Ärger", sagte sie.

Dann kam ihr plötzlich eine Idee. „Wir legen uns einfach im Stall auf die Lauer. Und ertappen ihn auf frischer Tat."

Lars nickte begeistert. Ein Detektivspiel! Da war er sofort dabei.

Spät am Abend, als die Eltern dachten, sie lägen schon längst im Bett, schlichen sich Dany und Lars heimlich aus dem Haus.

Es war dunkel, nur der Mond schimmerte silbern am Himmel.

Dany hatte Herzklopfen. Um diese Zeit war sie noch nie im Stall gewesen.

„Wir verstecken uns in der Sattelkammer", flüsterte Lars. Dany nickte.
Ein paar Ponys schauten neugierig aus ihren Boxen, als die Kinder
in den Stall hineinschlüpften. Dany kauerte sich neben Lars auf den
Boden der Sattelkammer.
Mit angehaltenem Atem lauschte sie. Aber sie hörte nur die
üblichen Stallgeräusche: hier und da ein Schnauben, ein Knuspern
oder ein Pony, das sich in seiner Box bewegte. Sonst blieb alles
ruhig. Doch was war das? Klang das nicht wie Hufgeklapper?
Oder bildete sie sich das nur ein?
„Horch!", flüsterte sie. Lars neben ihr richtete sich kerzengerade auf.
Er hörte es also auch – eines der Ponys trottete durch den Stall.
Das Hufgeklapper wurde lauter. Zottel kam an ihnen vorbei.
Er schob den Kopf über die Öffnung der Stalltür, packte den Riegel
mit den Zähnen und schob ihn auf. Im nächsten Moment trabte er
fröhlich durch die Nacht Richtung Rübenfeld.
„Das gibt's nicht", staunte Lars. „Zottel hat selbst seine Box und den
Stall aufgemacht!"
„Kluger Zottel!" Dany musste lachen. Aber dann sausten sie schnell
dem Pony hinterher, um es wieder einzufangen.
Zottel war gar nicht erfreut, dass seine Freiheit so rasch endete.
Aber mit Hilfe einiger Rüben ließ er sich dann schließlich doch zum
Stall zurücklocken. Die Kinder brachten ihn in seine Box, schoben
den Riegel vor und banden zur Sicherheit auch noch eine dicke

Kordel davor. Zottel schob den Kopf über die Tür und beäugte, was sie da taten.

„Ja, Zottel", sagte Lars und klopfte ihm den Hals, „morgen macht Papa hier ein richtiges Schloss dran. Und dann kommst du nicht mehr auf Nachbars Rübenfeld."

„Aber dafür bringen wir dir auch bestimmt jeden Tag Rüben mit", versprach Dany.

„Jedenfalls hatte Tobias mit der ganzen Sache nichts zu tun", sagte Lars zu ihr. „Überhaupt, vielleicht ist er ja gar nicht so blöd wie du denkst."

Das konnte stimmen. Tobias verdiente wirklich eine zweite Chance. Dany gähnte. Aber erst morgen. Morgen war auch noch ein Tag. Jetzt musste sie erst einmal schlafen.

Zaubern will gelernt sein

„Ich kann bestimmt nicht einschlafen", jammert Franzi, als Mama sie am Abend ins Bett bringt. Es ist Sommer und noch nicht mal richtig dunkel, weil die Sonne erst so spät untergegangen ist.
„Du wirst schlafen wie ein Murmeltier", entgegnet Mama und mummelt Franzi in ihre Decke ein. „Du willst doch morgen an deinem Geburtstag nicht müde sein, oder?" Sie gibt Franzi einen Kuss und geht aus dem Zimmer.
Franzis Füße zappeln unter der Decke. Ihre Augen klappen immer wieder auf, egal, wie fest sie die auch zukneift. Man kann eben doch nicht schlafen wie ein Murmeltier, wenn man am nächsten Tag Geburtstag hat. Und wenn man sich so dringend ein neues Fahrrad wünscht!
„Ein knallrotes Fahrrad", murmelt Franzi sehnsüchtig vor sich hin.
„Kein Problem", antwortet eine helle Glockenstimme.
Franzi fährt hoch. „Wer ist da?", flüstert sie. Sie schaut durchs Zimmer und entdeckt im Regal ein komisches kleines Wesen.
Es sitzt vor ihren Bilderbüchern auf dem Regalbrett und lässt die Beine baumeln.
„Hab keine Angst, ich bin nur deine Glücksfee", zwitschert das kleine Ding fröhlich.
„Meine Glücksfee?"

Von Feen hat Franzi schon viel gehört. Die gibt es in Märchenbüchern. Aber dass sie eine eigene Glücksfee hat, wusste sie noch nicht.

„Erfüllst du auch Wünsche?", fragt sie aufgeregt.

„Klar doch. Genau dafür bin ich da. Um deine Wünsche zu erfüllen. Du musst mir nur sagen, was du möchtest, und schnipp", die Glücksfee schnippt lässig mit den Fingern, „schon habe ich es dir erfüllt."

Franzi wird ganz flau im Magen. Was hat sie doch für ein Glück, dass die Fee ausgerechnet am Abend vor ihrem Geburtstag zu ihr gekommen ist! „Ein Fahrrad", platzt sie heraus. „Ein knallrotes Fahrrad wünsche ich mir."

„Nichts leichter als das." Wieder schnippt die Glücksfee lässig mit den Fingern. Es macht „Peng" und dann liegen Franzis Malstifte auf der Erde.

„Und wo ist jetzt das Fahrrad?" Franzi schaut sich suchend im Zimmer um.

„Kommt sofort." Die Glücksfee hüpft vom Regalbrett. Dabei reißt sie gleich ein paar Bücher mit herunter.

„Pst", zischt Franzi. Diese Glücksfee ist aber tollpatschig. Jetzt sieht sie auch nicht mehr ganz so lässig aus. Wieder schnippt sie mit den Fingern. Sofort fällt das schöne Gehege, das Franzi für ihre Holztiere gebaut hat, in sich zusammen. Legosteine und Tiere kullern über den Boden.

„Jetzt hast du meinen Zoo kaputt gemacht", protestiert Franzi.
„Entschuldigung", murmelt die Glücksfee verlegen und schnippt wieder mit den Fingern. Nichts rührt sich.
„Mist", schimpft sie leise und schnippt noch ein paar Mal.
Im nächsten Moment kracht und poltert es, und das ganze Spielzeugregal bricht zusammen.
„Oh", sagt die Glücksfee mit betretener Miene.
„Pass doch auf", ruft Franzi erschrocken. Was soll sie nur sagen, wenn Mama jetzt hereinkommt? „Kannst du denn nicht mal was Richtiges zaubern?"
„Na ja, das ist nicht so einfach", gesteht die Glücksfee kleinlaut.
„Ich bin nämlich in der ersten Klasse der Feenschule und muss das Zaubern noch lernen. Bist du mir jetzt böse?"
Franzi schüttelt den Kopf. Nein, böse sein kann sie ihrer Glücksfee nicht, auch wenn die kein knallrotes Fahrrad, sondern nur Durcheinander in ihr Zimmer gezaubert hat.

Aber Franzi geht ja selbst erst seit einem Jahr in die Schule und muss noch viel lernen. Und zaubern kann sie schon gar nicht. Das wird sie auch nie lernen, egal wie lange sie noch zur Schule geht. Trotzdem hätte sie so gern ein knallrotes Fahrrad!

„Dein knallrotes Fahrrad bekommst du ganz bestimmt", versichert die Glücksfee. „Und das Zimmer zaubere ich auch wieder ordentlich. Ich muss nur in Ruhe nachdenken, wie das geht."

Sie kneift die Augen zusammen. Franzi auch. Sie ist müde und wagt kaum zu atmen, um die Glücksfee nicht zu stören. Hoffentlich fällt ihr der richtige Zauberspruch ein.

Lange, lange ist es still. Franzi schläft fast ein. „Was ist denn nun?", fragt sie und blinzelt vorsichtig. Und da sieht sie es. Mitten im Zimmer. Ihr knallrotes Fahrrad! Am Lenker hängt ein Schild, auf dem steht: „Herzlichen Glückwunsch, Franzi!"

Die Glücksfee hat es also doch geschafft. Und nicht nur das: Ihr Kinderzimmer hat sie auch wieder in Ordnung gebracht. Alles ist ganz toll aufgeräumt. Keine Spur mehr von der Glücksfee. Wer weiß, vielleicht wird aus ihr ja doch noch eine richtig gute Zauberfee.

Ein Zelt für Zirkus Maccaroni

Auf dem großen Platz in der Stadt war viel los. Buden wurden errichtet, und starke Männer bauten ein großes Gerüst auf. Elefanten, Pferde und andere Tiere wurden herumgeführt und gefüttert, und überall herrschte munteres Treiben: Ein Zirkus war in der Stadt!

„Wann wohl die erste Vorstellung ist?", fragte Josie nach dem Kindergarten aufgeregt ihre Mama.

„Ich muss noch einkaufen", antwortete Josies Mama. „Wenn du mitkommst und mir tragen hilfst, gehen wir danach zum Zirkusplatz und fragen. Einverstanden?"

Gesagt, getan. Nach dem Mittagessen marschierten Josie und Mama los. Josie plapperte die ganze Zeit. „Ob es wohl einen oder mehrere Clowns gibt? Und einen Messerwerfer? Und einen Zauberer? Wo werden wir denn sitzen, Mama? Bitte ganz vorne!"

„Na, wenn es nicht zu teuer ist, gerne", erwiderte Mama.

Dann waren sie da. Das große Zelt war schon aufgebaut, und viele bunte Fähnchen wehten lustig im Wind.

„Mama, Mama", rief Josie aufgeregt, „wir müssen den Direktor finden, damit er uns sagt, wann die erste Vorstellung ist!"

Mama lächelte. Längst hatte sie auf den vielen Plakaten das Datum gelesen: In vier Tagen, am Samstag um fünf Uhr, sollte die erste Vorstellung sein.

Da näherte sich ein großer, kräftiger Mann. Er trug eine schöne Uniform und qualmte eine dicke Zigarre. Das musste der Zirkusdirektor sein!

„Da sind ja schon Besucher", rief er freundlich. „Ihr seid ein bisschen zu früh. Die erste Vorstellung ist erst am Samstag!"

„Wir kommen auf jeden Fall", antwortete Josie strahlend.

Zu Hause malte sie gleich ein großes, buntes Zirkusbild, und in der Nacht träumte sie von dem netten Zirkusdirektor.

Aber am Morgen beim Frühstück gab es einen Riesenschreck: „Stellt euch vor, das Zirkuszelt ist abgebrannt!", rief Papa, der gerade die Zeitung las. „Ein glühender Zigarrenstummel war schuld! Gott sei Dank ist niemandem etwas passiert. Aber die Vorstellungen müssen ausfallen. Ein Zirkus ohne Zelt, das geht nicht!"
„Papa", brüllte Josie, „das darf nicht sein!"

Den ganzen Vormittag im Kindergarten dachte Josie an den Zirkus.
Alle anderen Kinder und die Erzieherinnen waren auch traurig.
Noch nie war in dem kleinen Städtchen ein Zirkus gewesen.
Alle hatten sich so darauf gefreut. Alle hatten hingehen wollen.
Und jetzt ließen sie die Köpfe hängen.
Aber dann hatte Josie eine Idee: „Wir müssen ein neues Zelt nähen", rief sie. „Wir haben doch noch drei Tage Zeit!"
„Aber wo willst du denn so ein großes Stück Stoff herkriegen?", gab Frau Winter, die Erzieherin, zu bedenken.
„Kein großes, aber viele kleine!", erwiderte Josie fröhlich, und dann schilderte sie ihren Plan: Alle sollten zu Hause nachschauen, ob es nicht alte Kleidungsstücke, Bettlaken, Krabbeldecken aus vergangenen Babytagen und andere Stoffstücke gab.
Die sollten dann möglichst viele Mamas zu einem großen Stück zusammennähen. Daraus sollte schließlich das Zelt gemacht werden.
Josies Plan sprach sich wie ein Lauffeuer in dem Städtchen herum. Natürlich wurde auch der traurige Zirkusdirektor eingeweiht, und der machte schnell eine Zeichnung, damit die vielen Kinder und Mütter wüssten, wie so ein Zelt überhaupt aussieht.
Sie schafften es tatsächlich bis zum Freitagabend. Und dann halfen alle Papas bis spät in die Nacht mit, das neue Zirkuszelt aufzubauen.

Es wurde ein herrliches Zelt, das verrückteste und bunteste, das die Leute jemals gesehen hatten: Man sah bunte Kinderhosen, kleine und große Jacken, Nachthemden und gestreifte Schlafanzüge, karierte Bettwäsche, gemusterte Halstücher, geblümte

Küchenschürzen und vieles mehr. Das Schönste aber war, dass von jedem Kind der Stadt etwas dabei war!

Der Direktor war außer sich vor Freude. Nun konnte die Vorstellung doch stattfinden, und alle durften umsonst zuschauen.

Den besten Platz in der Loge, ganz vorne, auf einem richtigen Sessel aus feinem, roten Samt, bekam natürlich Josie, weil sie die tolle Idee gehabt hatte.

Die Vorstellung war einfach wunderbar! Alle Artisten gaben ihr Bestes, und auch die Tiere strengten sich ganz besonders an.

Nach zwei Wochen zog der Zirkus schließlich weiter. Er wurde wegen des ungewöhnlichen, kunterbunten Zirkuszelts in der ganzen Welt berühmt und der Zirkusdirektor ein bekannter Mann.

Das Zigarrerauchen hat er sich aber ganz schnell abgewöhnt.

Gott sei Dank!

Die Nacht im Kindergarten

„Na, Kira, schläfst du heute bei deiner Freundin?", fragt Frau Palme, als sie Kira, bepackt mit Kuschelteddy und Schlafsack, am Abend auf der Straße sieht.
Papa trägt Kiras Rucksack.
„Nein, ich gehe in den Kindergarten", antwortet Kira stolz.
„Seit wann geht man denn zum Schlafen in den Kindergarten?" Frau Palme schaut verwirrt auf Kiras Schlafsack. „Geht man nicht eigentlich zum Spielen dorthin?" Kira kichert.
Papa erklärt: „Alle Kinder, die nach den Sommerferien in die Schule kommen, treffen sich heute zum Abschiedsfest mit Übernachtung."
„Ach so." Frau Palme lacht. „Dann wünsche ich dir viel Spaß, Kira!"
Als Kira im Kindergarten ankommt, wuseln die anderen schon aufgeregt durcheinander. Fünfzehn Kinder sind sie zusammen. Sabine und Jochen, die Erzieher, haben die Matratzen im Turnraum verteilt. Hier werden sie heute Nacht schlafen.

Kira breitet ihren Schlafsack neben Leonies aus. Leonie ist ihre beste Freundin und kommt nach den Sommerferien in dieselbe Klasse wie sie.

Papa stellt Kiras Rucksack ab. „Dann gute Nacht", sagt er und gibt Kira einen Kuss. „Schlaf gut."

Kira kichert wieder. Heute ist alles so lustig. Aber schlafen wird sie bestimmt noch lange nicht!

Überhaupt müssen sie erst einmal zu Abend essen. Mit Sabine und Jochen zusammen backen sie Pizza, mehrere Backbleche voll.

Nach dem Essen müssen sie natürlich aufräumen, und anschließend machen sie Spiele. Jedes Kind darf sich sein Lieblingsspiel wünschen.

Inzwischen ist es draußen dunkel geworden. Und jetzt kommt das Allerbeste: die Nachtwanderung!

„Hu hu, da draußen sind Gespenster, hu hu", heult Sven mit tiefer Stimme und streicht an Kira und Leonie vorbei. „Hu hu!"

Leonie blinzelt. Aber Kira lacht ihn aus. Sie hat keine Angst vor Gespenstern. Sie doch nicht! „Gespenster gibt es gar nicht", sagt Papa immer.

„Habt ihr alle eure Schuhe an und die Taschenlampen bereit?", ruft Jochen. „Dann geht's jetzt los. Immer zwei und zwei hintereinander."

Sabine läuft vorneweg und Jochen hinterher, damit auch niemand verloren geht. Die Luft ist sommerlich mild, und die Lichter aus den

Häusern und die Straßenlaternen erhellen die Nacht. Aber schon nach ein paar Metern biegt Sabine in eine Seitenstraße und von dort in einen unbeleuchteten Feldweg. Und da ist es auf einmal stockdunkel. Sogar der Mond hat sich hinter den Wolken versteckt. „Uh, ist das unheimlich", flüstert Leonie und klammert sich an Kira. Von hinten haucht ihnen heißer Atem in den Nacken. „Hu hu!", heult es ihnen ins Ohr. „Hu hu!"

„Hör auf!", sagt Kira wütend. „Ich hab keine Angst vor Gespenstern."
„Ich schon", gibt Leonie zu, und ihre Stimme zittert ein wenig.
Aber das ist kein Gespenst. Das ist nur wieder dieser doofe Sven. Kira dreht sich um und leuchtet ihm mit ihrer Taschenlampe mitten ins Gesicht. „Hu hu", macht der doofe Sven und lacht sich halb tot.

Hoffentlich, denkt Kira und verdreht die Augen, hoffentlich kommt der nach den Sommerferien nicht auch in meine Klasse!
Nach einer knappen Stunde sind sie von der Nachtwanderung zurück. Kira ist hundemüde und froh, dass sie sich in ihren Schlafsack kuscheln kann. Während Sabine ihnen noch eine Gutenachtgeschichte vorliest, nimmt sie ihren Teddy in den Arm.
„Schlaf gut", murmelt sie. Dann fallen ihr die Augen zu.
Mitten in der Nacht wird Kira wieder wach. Um sie herum ist es dunkel und still. Nur die Atemzüge der anderen sind zu hören. Sie schlafen tief und fest, auch Sabine und Jochen. Aber Kira muss aufs Klo. Dringend. Kein Wunder, sie hat heute Abend eine Menge Apfelsaft getrunken. Pizza macht immer so viel Durst.
„Leonie", flüstert Kira in die Dunkelheit neben sich. Vielleicht muss Leonie ja auch aufs Klo? Aber sie rührt sich nicht.
„Leonie!" Kira rüttelt sie an der Schulter.
Leonie maunzt und dreht sich auf die andere Seite. Sie ist einfach nicht wach zu kriegen. Kira muss allein aufs Klo gehen.
Sie tastet nach ihrer Taschenlampe und schlüpft aus dem Schlafsack. Zum Klo ist es nicht weit, das weiß sie doch. Nur aus dem Turnraum raus und ein paar Schritte nach rechts. Sie kennt sich hier aus. „Du bist ein alter Hase im Kindergarten", sagt Papa immer.
Leise geht sie zur Tür. In der Halle stehen noch die Tische, an denen sie zu Abend gegessen haben, und darauf ein paar angebrochene

Chipstüten und Salzstangen. Kira läuft schnell zum Klo und macht Pipi. Als sie fertig ist, hört sie es. Ganz leise. Ein Knistern und Rascheln. Was ist das? Ist es etwa … ein Gespenst?

Kira macht das Licht aus, zieht mit pochendem Herzen die Klotür einen Spalt auf und linst hindurch. In der Halle tanzt ein schwacher Lichtschein. Es knistert und raschelt immer noch.

Kira lässt vor Schreck die Klotür knarren. Sofort erlischt das Licht und es wird totenstill. Hat das Gespenst etwa auch einen Schreck bekommen?

Eine Weile stehen sie so in der Dunkelheit, das Gespenst und sie. Keiner rührt sich. Kira ist müde. Ihr tun die Beine weh. Sie hat Angst. Sie will in ihren Schlafsack! Aber dazu muss sie erst mal an dem Gespenst vorbei.

„Der Gefahr muss man ins Auge sehen", sagt Papa immer. Kira hebt ihre Taschenlampe. Sie wird jetzt dem Gespenst ins Auge sehen. Vielleicht ist es ja ein liebes Gespenst. Ein kleines Gespenst. Ein furchtsames Gespenst. Noch viel lieber und kleiner und furchtsamer als sie. Kira schaltet die Taschenlampe an.
Der Lichtschein fällt auf Svens Gesicht. Es sieht fast grün aus.

„Tu mir nichts", stottert Sven und kneift die Augen zusammen.
„Ach, du bist das nur", sagt Kira erleichtert. „Ich hab es knistern und rascheln gehört und dachte, du bist ein Gespenst."
Sven blinzelt. „Ich hab es knarren gehört. Ich dachte auch, du bist ein Gespenst."
Der doofe Sven hat Angst gehabt, genau wie sie? Da findet Kira ihn auf einmal gar nicht mehr so doof. „Ich musste aufs Klo", erklärt sie. „Weil ich so viel Apfelsaft getrunken hatte."

„Ich auch", sagt Sven. „Und dann hab ich die Chipstüten gesehen und Hunger bekommen." Er knistert und raschelt mit den Tüten.
Kira bekommt auch Hunger.
„Wir können ja noch welche essen, bevor wir weiterschlafen", schlägt sie vor.

Und dann setzen sie sich im Schein ihrer Taschenlampen nebeneinander, Kira und der gar nicht mehr so doofe Sven, und knuspern zusammen Chips und Salzstangen.
Kira erzählt, dass sie nach den Sommerferien in die 1a kommt, und Sven erzählt, dass er nach den Sommerferien auch in die 1a kommt. Das ist toll, denkt Kira, als sie beim ersten Vogelgezwitscher wieder in ihren Schlafsack kriecht. Denn Freunde kann man nie genug haben. Im Kindergarten und in der Schulklasse.

• Noch mehr Vorlesespaß •

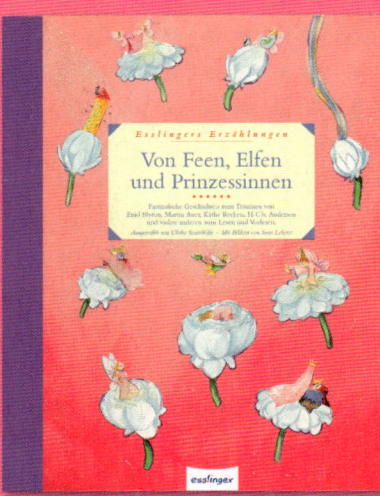

Von Feen, Elfen und Prinzessinnen
ISBN 978-3-480-22220-9

Einmal rund ums ganze Jahr
ISBN 978-3-480-22757-0

Das große Buch zur Guten Nacht
ISBN 978-3-480-22756-3

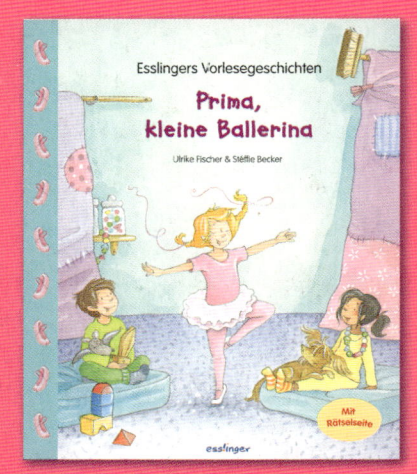

Prima, kleine Ballerina
ISBN 978-3-480-22673-3